Der historische Jesus, das frühe Christentum und das Römische Reich

Michael von Prollius / Isabella Tsigarida

Der historische **Jesus**,

das frühe **Christentum**

und das **Römische Reich**

Michael von Prollius / Isabella Tsigarida

Autorenprofil:

Isabella Tsigarida, Jahrgang 1970, Studium der Betriebswirtschafts-
lehre und Geschichte an der Freien Universität Berlin, M.A., freibe-
ruflich tätig in Berlin, New York und Zürich.
isabella@tsigarida.net

Michael v. Prollius, Jahrgang 1969, Studium der Betriebswirtschafts-
lehre und Geschichte an der Universität Bayreuth, der Freien Universität Berlin und der Humboldt Universität, Promotion zum Dr. phil.
im Jahr 2001.
MvP@prollius.de

Bibliografische Information Der Deutschen Bibliothek:

Die Deutsche Bibliothek verzeichnet diese Publikation in der Deutschen
Natinalbibliografie; detaillierte bibliografische Daten sind im Internet über
http://dnb.ddb.de abrufbar.

Printed in Germany

Herstellung: Books on Demand GmbH, Norderstedt

ISBN 3-8311-4743-4

Unseren Eltern

Inhalt

Vorwort

Der auf dem Umschlag abgebildete **Fisch** ist eines der ersten **Symbole der Christen** und taucht als Sinnbild für getaufte Christen bereits in den Evangelien[1] und frühen Predigten auf. Seit dem 2. Jahrhundert fand er Einzug in die christliche Kunst und war häufig auf Taufbecken und Katakombenfresken abgebildet. Das Bild des Fisches wurde sehr früh mit der Person Jesu in Verbindung gebracht, wobei Jesus als *piscis* (lateinisch für Fisch) und die Christen als *pisculi* (lateinisch für Fischlein) bezeichnet wurden.

Der Hintergrund des Fisch-Symbols ist zwar in der Forschung noch nicht eindeutig geklärt, aber ein plausibler Erklärungsansatz lautet folgendermaßen: Das griechische Wort für Fisch heißt *Ichtis*[2] (ΙΧΘΥΣ). Die einzelnen Buchstaben dieses Wortes stehen für die Anfangsbuchstaben von Begriffen, die Jesus und seine Würdetitel bezeichnen:

Ι steht für *Ισους (Ihssous)*, d.h. die historische Person Jesus.

Χ steht für *Χριστος (Christos)*, d.h. Christus.

Θ steht für *Θεος (Theos)*, d.h. Gottes.

Υ steht für *Υιος (Hyios)*, d.h. Sohn.

Σ steht für *Σοτερ (Soter)*, d.h. Erlöser.

Der Fisch symbolisiert demnach die zentralen Eigenschaften, die Jesus zugesprochen wurden und bis heute noch zugesprochen werden. Jesus ist die historische Person und als Sohn Gottes und Erlöser der Menschheit der theologische Bezugspunkt des Christentums zugleich. Die Entstehung und Entwicklung des Christentums bis ins 21. Jahrhundert ist ohne die Gestalt Jesu nicht denkbar.

Das Christentum hat bis in die Gegenwart hinein maßgeblich den Ablauf der Geschichte geprägt und ist grundlegender Bestandteil der abendländischen Kultur. Zwar scheint die Bedeutung des Christentums seit einigen Jahren nachzulassen; darauf weisen eine Individualisierung der Gesellschaft, ihre primäre Ausrichtung auf materielle Dinge sowie eine in der westlichen Hemisphäre dominierende Fokussierung auf Wirtschaft, Wissenschaft und Technik hin. Dennoch hat das Christentum als größte Weltreligion und Fundament der westlichen Gesellschaften auch heute noch eine große Bedeutung. Die Christenheit beging im Jahr 2000 die Jahrtausendwende und damit den 2000sten Geburtstag von Jesus. Genau genommen endete das Jahrtausend jedoch erst am 31.12.2000. Dennoch wurde Jesus Geburtstag nicht zu früh, sondern zu spät gefeiert, wurde er doch "vor Christus" geboren, etwa im Jahr 7/6 v. Chr. Die tatsächliche christliche Jahrtausendwende liegt also längst hinter uns, in der Mitte der 1990er Jahre.

Zu dieser Zeit fand an der Freien Universität Berlin ein Projekt unter der Leitung von Prof. Dr. Volker Fadinger am Seminar für Alte Geschichte statt. Es beschäftigte sich mit dem Problembereich "Rom und die Christen". Im Rahmen dieses Projektes stellten wir fest, dass es zwar eine kaum zu überblickende Fülle von Literatur zur Entstehung und Etablierung des Christentums gibt, ein knapper, gut strukturierter Einstieg mit Überblickscharakter aber bisher fehlt. Dieses Buch soll eben diese Lücke schließen, indem es einen **systematischen, strukturierten und verständlichen Einstieg** in die Anfänge des Christentums bietet. Durch die in verdichteter Form dargestellten wesentlichen Fakten und Strukturen kann dieses komplexe Thema schnell erfasst und verstanden werden.

Daher ist das vorliegende Buch für alle Leser gut geeignet, die sich in kurzer Zeit einen umfassenden **Überblick über den historischen Jesus, das frühe Christentum und das Römische Reich** verschaffen möchten.

1. Einführung

Der **historische Jesus** ist einer der maßgeblichen Menschen, die die Weltgeschichte nachhaltig beeinflusst haben. Sein universalhistorisch bedeutsames Leben, Wirken und Schicksal haben ihn sowohl historisch als auch theologisch unvergesslich gemacht.

Das **frühe Christentum** hat seinen Ursprung im historischen Jesus. Innerhalb von 400 Jahren entwickelte es sich aus einer auf Palästina begrenzten jüdischen Sekte zur Staatsreligion des Römischen Reiches und überdauerte als Weltreligion Jahrtausende.

Das **Römische Reich** hatte zur Zeit Jesu den Höhepunkt seiner Macht erreicht. Das Weltreich war zugleich Grundlage und Gegner der Entwicklung und Etablierung des Christentums.

Aus diesen drei eng miteinander verflochtenen Themenbereichen lässt sich eine zentrale Frage ableiten:
Wie konnte sich aus der lokalen Begrenztheit des scheinbar gescheiterten Lebens und Wirkens des Jesus von Nazareth, eines sein Leben lang nahezu unbekannt gebliebenen jüdischen Wanderpredigers, eine derart machtvolle und andauernde Idee bzw. Religion entwickeln, die eine stetig zunehmende Schar von Gläubigen hinter sich versammelte, sich institutionalisierte und sich im mächtigen römischen Weltreich schließlich als Staatsreligion durchsetzte?
Kurz gesagt: Wie schaffte es das Christentum, sich innerhalb von knapp 400 Jahren von einer **Jesus-Bewegung** zu einer Großkirche und schließlich zur **Staatsreligion** des Römischen Reiches zu entwickeln?
Eng mit dieser zentralen Fragestellung sind eine Reihe von Einzelfragen verbunden:
Wer war Jesus von Nazareth, den die Christen bald Jesus Christus nannten? Welche Bedeutung hatte er für das frühe Christentum? Wie konnte das Christentum entstehen und wie breitete es sich aus? Welches Verhältnis hatte es zum Judentum und zum Römischen Reich? Und schließlich, welche Bedeutung besaß das institutionalisierte Christentum für die geschichtliche Entwicklung des Römischen Reiches?

Bedeutung des Christentums

Das Christentum stellte für das Römische Reich einen entscheidenden **Wandelfaktor** dar, der Staat, Gesellschaft und Religion im christlichen Sinne von innen heraus veränderte. Die Christen wurden von einer zeitweise tolerierten, zeitweise verfolgten Minderheit zu einer bedeutenden religiösen, politischen und gesellschaftlichen Macht, die sich in der katholischen Kirche institutionalisierte. Aus dem polytheistischen Weltreich wurde ein monotheistisches, das sich unmittelbar nachdem das Christentum Staatsreligion geworden war, in zwei Reiche - Ost- und West-Rom - aufspaltete.

Die aus dem Alten Orient übernommene Vorstellung von einem Ablauf der Geschichte als einer Abfolge von Weltreichen wurde von führenden Vertretern der frühen Kirche zum Ende des 4. Jahrhunderts aufgegriffen. An die antike Abfolge von Weltreichen der Assyrer, Perser, Griechen und Römer sollte sich ihrer Vorstellung nach das *Imperium Christianum* anschließen. Diese christliche Weltreichsidee lebte im Mittelalter und in der Neuzeit im Heiligen Römischen Reich Deutscher Nation und den russischen Zarenreichen fort.

Damit kommt dem Christentum eine Art **Brückenfunktion** zwischen der Antike und der Spätantike und darüber hinaus zum Mittelalter bis in die Neuzeit zu. Für die römische Antike sorgte das Christentum demnach epochenübergreifend für Kontinuität und Wandel: Es ist das "moderne", das "mittelalterliche der Antike", und verkörpert den "Aufbruch in eine neue Welt" (W. Dahlheim).

Heute ist das Christentum die größte **Weltreligion** mit geschätzten rund 1,9 Mrd Anhängern, das entspricht rund einem Drittel der Weltbevölkerung. Der überwiegende Teil der Bevölkerung in Europa, Amerika und Afrika gehört der christlichen Konfession an.

Alle christlichen Konfessionen bekennen sich zu den Anfängen des Christentums, denn sie sehen darin das Fundament ihres Glaubens, dem sie normative Bedeutung zusprechen.

Arbeitsmethode

Ziel des vorliegenden Buches ist es, die **wesentlichen Fakten und Strukturen** der Entstehungsgeschichte des Christentums systematisch darzustellen und dabei die **zentralen Entwicklungslinien und Problemzusammenhänge** herauszuarbeiten.

Unter Entstehungsgeschichte wird dabei nicht die innerkirchlich-theologische Entwicklung des Christentums verstanden, sondern die

Entstehung und der Verlauf der Auseinandersetzung des Christentums mit dem Römischen Reich bis zur Etablierung des Christentums als Staatsreligion aus historischem Blickwinkel.[3] Eine derartige Konzeption bringt es mit sich, dass der Schwerpunkt auf eben diesen Strukturen liegt, während Forschungsdiskussionen, Quelleninterpretationen und detaillierte Hintergrundkenntnisse spezifischer Ereignisse Gegenstand der einschlägigen weiterführenden Literatur sind.[4] Um unser Ziel zu erreichen, gehen wir über eine chronologische Darstellung hinaus. Von zentraler Bedeutung ist vielmehr die Beantwortung der Fragen: "Was gehört historisch warum zusammen?" und "Wie lässt sich dies in einen Gesamtzusammenhang einordnen?" Die mit Hilfe dieser Fragen herausgearbeiteten Problemzusammenhänge und deren Gliederung bilden die zentralen Strukturen der Entstehungs- und Etablierungsgeschichte des Christentums der ersten vier Jahrhunderte. In ihr ist der historische Jesus Ausgangs- und Richtpunkt des (frühen) Christentums und das Römische Reich sowohl Entstehungsraum als auch Widerpart der Entwicklung.

Dieser strukturorientierte Zugang hat zugleich die Darstellungsform bestimmt; sie ähnelt einem knapp gefassten Repetitorium.

Abgrenzung

Die **römische Kaiserzeit**, in die die Entstehung des Christentums fällt, markiert den Abschluss der Antike und zugleich den Übergang zum Mittelalter. Sie beginnt mit der Umgestaltung der römischen Republik zur Monarchie durch **Augustus** nach seinem Sieg bei Actium 31 v. Chr. Ihr Ende lässt sich nicht so präzise bestimmen. Als spätester Zeitpunkt gilt jedoch der gescheiterte Versuch Kaiser Justinians (527-565), den während der Völkerwanderung verlorenen Westen des einstigen Römischen Reiches zurückzuerobern. Von da an nahmen der Westen und der Osten kulturell und politisch eine eigene Entwicklung. Über die Epochenabgrenzung für die **Spätantike** (284 bis 5./6. Jh.) existiert in der Forschung keine einheitliche Meinung. Der Beginn der Spätantike wird überwiegend mit der Erhebung Diocletians zum Augustus im Jahr 284 verbunden, ihr Ende wird mit folgenden Ereignissen verknüpft: 476 mit der Absetzung des letzten weströmischen Kaisers Romulus Augustulus, 568 mit dem Langobarden-Einmarsch nach Italien oder 634 mit den Eroberungszügen der Araber zwei Jahre nach dem Tod Mohammeds.

Die Besonderheit des Themas "Der historische Jesus, das frühe Christentum und das Römische Reich" ist, dass es mit keiner der oben genannten Zäsuren übereinstimmt. Der Anfang liegt zwar in der Zeit des augusteischen Prinzipats (27 v. Chr. - 14 n. Chr.), aber das Christentum sorgt über die Zäsur zwischen Antike und Spätantike hinaus epochenübergreifend für Kontinuität und Wandel.

Für die Datierung des **Anfang**s des frühen Christentums gibt es in der Forschung unterschiedliche Ansätze. Im Wesentlichen sind es die drei folgenden Zeitpunkte:

1. der Tod Jesu bzw. seine Auferstehung,
2. die Geburt Jesu und
3. die Zeit vor der Geburt Jesu.

Unseres Erachtens beginnt die Entstehungsphase des Christentums **7/6 v. Chr. mit der Geburt Jesu**: Seine Person und sein Leben, seine Lehre und seine Auseinandersetzung mit den herrschenden jüdischen Gruppierungen der römischen Provinz Judäa, sein Prozess, sein Tod und seine Auferstehung bilden den Ausgangs- und den Bezugspunkt und somit die Grundlage für das Christentum, das ohne ihn nicht denkbar ist; auch wenn Jesus sich selbst als Reformer und nicht als Begründer einer neuen Religion verstand. Aufgrund der Tatsache, dass der Prozess und der Tod Jesu für die Entstehung und Entwicklung des Christentums eine eminente Bedeutung besitzen, und der Prozess und der Tod ohne das Leben und Wirken Jesu bezugslos bleiben, muss das Leben Jesu als Bestandteil des Christentums angesehen und der Anfang des Christentums mit der Geburt Jesu 7/6 v. Chr. datiert werden.

Das **Ende** der Entstehungsphase des frühen Christentums liegt **im 4. Jahrhundert n. Chr.** Im Zuge der "konstantinischen Wende" wird das Christentum 313 zur *religio licita*, d.h. zu einer staatlich anerkannten und zugelassenen Religion neben anderen Religionen wie dem Judentum und den heidnischen Religionen. In der folgenden Zeit etabliert sich das Christentum und wird von den meisten Kaisern gesetzlich und politisch gefördert und schließlich unter Kaiser Theodosius I. auf dem ökumenischen Konzil von Konstantinopel 380/381 alleinige Staatsreligion des Römischen Reiches. Schon kurze Zeit danach werden Heiden, Juden und Häretiker - ähnlich wie zuvor die Christen - verfolgt. Bereits 391 bricht im Osten des Römischen Reiches ein religiöser Bürgerkrieg aus. 393 finden zum letzten Mal in der Antike die (heidnischen) Olympischen Spiele statt. Nach dem

Sieg von Theodosius I. über seinen heidnischen Widersacher Eugenius und dessen Heerführer Arbogast im Jahr 394 werden die Verfolgten zu Verfolgern. Neben intensiven Heidenverfolgungen kommt es zum Verbot der heidnischen Kulte und schließlich sogar zur Zerstörung heidnischer Kultstätten wie dem Altar des Zeus und dem Orakel von Delphi.

Mit diesen Ereignissen hat sich das Christentum als Staatsreligion im Römischen Reich weitgehend durchgesetzt. Die Entstehungsphase des Christentums ist damit abgeschlossen, so dass auch unsere Darstellung des frühen Christentums nicht über das 4. Jahrhundert hinausgeht.

Periodisierung

Innerhalb der genannten Grenzen lässt sich das Thema in folgende drei große Perioden und ihre Unterabschnitte einteilen, über die in der Forschung bisher keine Einstimmigkeit besteht. Für einen ersten verständlichen Überblick über das Gesamtthema stellen wir unsere Strukturierung an dieser Stelle voran:

I. ENTSTEHUNG - Das "lange" 1. Jahrhundert (7/6 v. Chr. - 111/113 n. Chr.)

1. **Der historische Jesus (7/6 v. Chr. bis 30 n.Chr.):**
   Leben, Begegnung mit Johannes dem Täufer, Tod und Auferstehung.

2. **Die apostolische Zeit (30 bis etwa 64 - Tod der Apostel Jakobus, Paulus, Petrus):**
   Urgemeinde, christliche Mission, Auseinandersetzung mit Rom und Beginn der Abspaltung vom Judentum, Entstehung erster Gemeinden, Anfänge der frühen Kirche.

3. **Die nachapostolische Zeit (ca. 64 bis zum Tod des Ignatius von Antiochia 111/113):**
   schriftliche Fixierung der Glaubensinhalte in Form von Evangelien und apostolischer Literatur, endgültige Abspaltung vom Judentum 70 n. Chr., Hierarchisierung der Gemeindestrukturen, erste Erwähnung des Begriffs "katholische Kirche" ca. 110.

II. KONFLIKT - Zwei Jahrhunderte zwischen Duldung und Verfolgung (64-311)

1. Die staatlichen Maßnahmen gegen das Christentum (64 bis etwa 238):
neronische "Verfolgung" 64, vereinzelte antichristliche Maßnahmen verschiedener Kaiser, Übergangsphase von staatlichen Maßnahmen zu lokaler Verfolgungspolitik.

2. Die Verfolgungen (249 Edikt des Decius bis zum Toleranzedikt des Galerius 311):
erste systematische reichsweite Verfolgungen, 40-jähriger Frieden, Zeit der intensivsten Verfolgungen unter Diocletian (303 bis 311 - Toleranzedikt des Galerius).

III. ETABLIERUNG - Das "kurze" 4. Jahrhundert (312-395)

1. Die "konstantinische Wende" (312 bis 337):
Mailänder Toleranzedikt 313 - Christentum wird *religio licita*, Bindung von Staat und Kirche, Taufe und Tod Konstantins I. 337.

2. Die Zwischenzeit (338 bis 378):
Weg des Christentums zur alleinigen Staatsreligion.

3. Die Ausbildung zur Staatsreligion unter Theodosius I. (380/81 bis 395):
380/81 Christentum wird alleinige Staatsreligion, Autoritätszuwachs der katholischen Kirche, Verfolgung von Heiden.

Hinzu tritt eine gesonderte vierte Periode, die die "innerkirchliche" ENTWICKLUNG des Christentums umfasst. Nachfolgend werden aber nicht die "theologischen" Auseinandersetzungen innerhalb des Christentums betrachtet, sondern die Herausbildung und Festigung wesentlicher Organisationsstrukturen des frühen Christentums innerhalb des gesamten Darstellungszeitraums.[5]

IV. ENTWICKLUNG - Die Herausbildung der Organisation der "katholischen Kirche"

1. Die Entwicklung erster Organisationsformen in den urchristlichen Gemeinden (1. Jh.).

2. Die Entwicklung von den frühkatholischen Gemeinden zur altkatholischen Großkirche (2. und 3. Jh.).

3. Die Entstehung der reichskatholischen Kirche (4. Jh.).

Quellen

Zu den ersten vier Jahrhunderten des Christentums gibt es eine Fülle von Quellen, deren Zahl so umfangreich ist, dass bisher noch keine systematische Gesamtübersicht erarbeitet wurde.[6] Nur zu ausgewählten Themenbereichen - wie dem historischen Jesus, der frühen Kirche, der Konfrontation mit dem römischen Staat oder Konstantin I. - sind Quellen systematisch aufbereitet worden. Im folgenden soll und kann diese umfangreiche Forschungsaufgabe nicht nachgeholt werden. Vielmehr beschränken wir uns auf einige grundlegende Anmerkungen, die für das Verständnis des Themas unerlässlich sind, sowie auf die Erklärung der Fachbegriffe, die sich für die Bezeichnung von Quellengruppen eignen und so einen ersten Überblick über die Quellenlage ermöglichen.

Im Wesentlichen bieten sich zwei Wege an, die Quellen und ihren Inhalt historisch zu erschließen: eine thematische oder eine zeitliche Gliederung. Eine thematische Aufteilung in christliche und nicht-christliche Quellen ist hier vorteilhaft, weil die christlichen Quellen zum großen Teil theologisch gefärbt sind. Um ihren historischen Kern herausfiltern zu können, liegt es nahe, sie dem gesicherten Forschungsstand der nicht-christlichen Quellen gegenüberzustellen. Erschwert wird diese historische Rekonstruktion allerdings dadurch, dass zur frühen Phase des Christentums (1. Jh.) nur vereinzelt Informationen aus römischen und jüdischen Quellen zur Verfügung stehen, der überwiegende Teil also aus christlichen Überlieferungen besteht.[7]

Für die historische Rekonstruktion werden demnach vorwiegend **christliche Quellen** genutzt, für deren Verständnis und Einordnung folgende Begriffe zu klären sind:[8]

- Als *Evangelien* (griech. = gute/frohe Botschaft) werden die vier Schriften von Matthäus, Markus, Lukas und Johannes bezeichnet, die über Abschnitte aus dem Leben Jesu berichten und dieses als Heilsereignis begreifen. Die Verfasser hatten weniger ein biographisches als vielmehr ein didaktisch-religiöses Interesse bei der Abfassung der Evangelien, die sich vorwiegend auf mündliche Überlieferungen stützen. Die Datierung der im Neuen Testament aufgenommenen Evangelien kann nicht mehr genau rekonstruiert werden, folgende Zeitangaben sind in der Forschung aber weitgehend anerkannt: **Markus** nach 70, **Matthäus** in den 80ern, spätestens 90er Jahren, **Lukas** zwischen 80 und 90 und **Johannes** nach 90. Zusammen bilden alle vier Evangelien den Kern des Neuen Testaments.

- Als *synoptische* (griech. = nebeneinandergereihte) **Evangelien** werden Markus, Matthäus und Lukas bezeichnet, da sich deren Schriften aufgrund ihrer engen geistigen Verwandtschaft und ihres ähnlichen Jesus-Bildes zu einem inhaltlichen Vergleich in Spalten nebeneinander anordnen lassen und sich vom Johannesevangelium sprachlich und inhaltlich deutlich unterscheiden.

In der **Zwei-Quellen-Theorie** wird davon ausgegangen, dass Matthäus und Lukas auf den beiden voneinander unabhängigen Quellen - dem Markusevangelium und der Logienquelle Q (zwischen 40 und Anfang der 50er Jahre verfasst) - basieren. Die Logienquelle Q, die als Spruchsammlung der Worte Jesu die wichtigste Quelle zur Rekonstruktion der Lehre Jesu darstellt, ist nicht als ein in sich geschlossenes Werk überliefert, lässt sich aber in Teilstücken aus Matthäus und Lukas erschließen. Matthäus und Lukas enthalten zusätzlich als ursprünglich geltendes Sondergut.

Zwei-Quellen-Theorie:

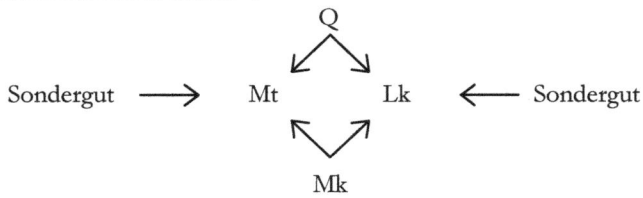

Quelle: eigene Darstellung

- Der **Kanon** (lat. = Regel, Norm, Richtschnur) bezeichnet die offiziell anerkannten und unveränderbar feststehenden heiligen Schriften des Alten und Neuen Testaments (AT und NT), die als von Gott offenbarte Worte gelten. Sie wurden in der Bibel zusammengefasst und sind seit dem Ende des 4. Jahrhunderts bis heute für Glauben und Lehre verbindlich. Der älteste erhaltene Ansatz zur neutestamentlichen Kanonbildung ist der zum Ende des 2. Jahrhunderts zur Wahrung einer einheitlichen christlichen Identität verfasste *Canon Muratori*. Im Unterschied zum Kanon des Neuen Testaments, der die vier Evangelien, die Apostelgeschichte, die 13 Paulusbriefe, die beiden Petrusbriefe, die drei Johannesbriefe, den Hebräer-, den Judas- und den Jakobusbrief sowie die Offenbarung des Johannes umfasst, fehlen im *Canon Muratori* einige Briefe und sind zusätzlich einige Apokalypsen enthalten. Die Paulusbriefe sind die wichtigste Quelle zur Rekonstruktion der frühen Kirchengeschichte und für das Verständnis der ersten Jahrzehnte des Christentums unerlässlich.

Die *außerkanonischen Schriften* sind die nicht in den Kanon aufgenommenen frühchristlichen Schriften, zu denen alle nachfolgenden Gruppen gehören:

- *Agrapha* (griech. = Nichtaufgeschriebenes) sind Einzelworte des historischen Jesus von zweifelhafter Authentizität, die nicht in den Evangelien, sondern in anderen Schriften innerhalb und außerhalb des Neuen Testaments überliefert wurden. Zu dieser in sich nicht geschlossenen Quellengruppe gehören u.a. mündlich überlieferte Jesusworte bei Kirchenvätern, in Papyrusfragmenten oder in Apokryphen.

- Die *neutestamentlichen Apokryphen* (griech. = verborgen, versteckt, heimlich) sind legendenhafte Erklärungen und Ausschmückungen der kanonischen Schriften, die versuchen, die dort enthaltenen erzählerischen Lücken zu schließen. Die Apokryphen waren den Kirchenvätern verdächtig, weil ihre Herkunft vielfach unbekannt war, sie von Häretikern (griech. = Personen, die von der offiziellen Lehre abweichen) stammten oder es sich um gefälschte, phantastische Erzählungen handelte.

- Die Schriften der *Apostolischen Väter* (griech. = Apostel = Bote [Gottes]) sind eine Gruppe sehr unterschiedlicher Schriften, die von Christen der dritten und vierten Generation in der Zeit von ungefähr 90 bis 150 n. Chr. verfasst wurden. Sie befassen sich u.a. mit der Gemeindeordnung, dem Verhältnis zur Synagoge sowie der neutestamentlichen Deutung des AT und stammen nur zum Teil von unmittelbaren Schülern der Apostel. Anders als die Apokryphen gelten sie als verlässliche Quellen der christlichen Lehre. Zu ihnen zählen der 1. Clemensbrief (um 95), der 2. Clemensbrief (um 140), der Brief des Polykarp von Smyrna an die Philipper (um 110), die sieben Briefe des Ignatius von Antiochia (110-113), der Barnabasbrief (um 130), die Fragmente des Papias von Hierapolis (150), die Didache (Zwölfapostellehre) - die älteste urchristliche Gemeindeordnung (100-120) - und der Hirt des Hermeas (um 150).

- Die **Apologien** (griech. = Verteidigungsschriften) stammen von einer Reihe von frühchristlichen Schriftstellern des 2. bis 5. Jahrhunderts, die versuchten das Christentum gegen populäre Vorwürfe und Vorurteile, philosophische Angriffe und Repressalien des römischen Staates zu verteidigen, indem sie die Öffentlichkeit über die wahren Inhalte der christlichen Lehre aufklärten. Im Mittelpunkt stand neben der Abgrenzung des Christentums vom Judentum der Nachweis der Loyalität und Zuverlässigkeit der Christen als Bürger des Römischen Reiches. Zu den Apologien gehören u.a. die an Antonius Pius gerichtete Apologie und der *Dialogus cum Tryphone* des Märtyrers Justin (150 und 160), ferner das fragmentarisch erhaltene nicht genau zu datierende Werk *Stromateis* (zwischen 193 und 211) des Clemens, das *Apologeticum* (197) von Tertullian sowie Origenes' *De principiis* (220/230), der damit die erste systematische Zusammenfassung des christlichen Glaubens schuf.

  Die Bedeutung der Apologeten liegt vor allem in ihrer innerkirchlichen Wirkung als Väter der kirchlich-philosophischen Theologien.

- Die **Märtyrerakten** (griech.: *martys* = Blutzeuge, eigentlich: Zeuge) sind Berichte, Briefe und Protokolle über Prozesse, Leiden und den Tod von Christen, die ihren Glauben mit schweren körperlichen Leiden oder dem Tod bezeugten. Seit Mitte des 2. Jahrhunderts war es üblich solche Märtyrerakten anzufertigen, die im Gottesdienst verlesen wurden. Die Märtyrer wurden bereits früh verehrt, weil sie wie Jesus für ihren Glauben in den Tod gingen.

- Die **Apokalypsen** (griech. = Enthüllungen, Offenbarungen) sind Offenbarungsschriften, deren Autoren glaubten, dass ihnen göttliche Geheimnisse über die Vergangenheit, die Zukunft und besonders über das Ende der Welt in Weissagungen, Träumen und Visionen offenbart wurden. Diese literarische Gattung war vom 2. Jahrhundert v. Chr. bis zum 1. Jahrhundert n. Chr. weit verbreitet und kann als ein Bindeglied zwischen dem Alten und dem Neuen Testament betrachtet werden. In der Regel waren die Apokalypsen außerkanonische Schriften; die Ausnahme bildet die Offenbarung des Johannes, die in das Neue Testament aufgenommen wurde.

Im weiteren Sinne gehören zu den Quellen auch die Schriften der **Gnostiker** (griech.: *Gnosis* = Erkenntnis), die Vertreter einer eigenständigen religiösen Bewegung waren, die parallel zum Christentum existierte, mit dem Christentum konkurrierte und ägyptische, griechische, jüdische und christliche Elemente zu einer eigenständigen Glaubenslehre zusammenfasste.

Ferner sind Quellen der sich seit dem 2. Jahrhundert entwickelnden altkatholischen Kirche - wie Konzilstexte, Kirchenordnungen, Papstbriefe, Dekrete und Rechtssammlungen sowie die Kirchengeschichte des Eusebios von Caesarea und die ab dem 4. Jahrhundert einsetzende christliche Dichtung - zu berücksichtigen. Zahlreiche weitere wichtige Quellen finden sich in den Werken lateinisch-christlicher Literaten wie Tertullian, Minucius Felix, Cyprian und Laktanz.

Seit dem Ende des 1. Jahrhunderts wuchs die Zahl der christlichen Quellen kontinuierlich, was auf eine zunehmende Auseinandersetzung der frühchristlichen Autoren mit innerkirchlichen und außerkirchlichen Herausforderungen hinweist, die letztlich die christliche Identitätsfindung und damit die Schaffung des christlichen Bewusstseins förderte.

Die **nicht-christlichen Quellen** lassen sich weniger leicht systematisch gliedern, da sich die nicht-christlichen Autoren vorwiegend punktuell, d.h. aus einem konkreten Anlass heraus, mit dem Christentum auseinandersetzten. So gibt es eine große Zahl von voneinander unabhängigen Quellen, die einzelnen Autoren oder bestimmten Problemstellungen zugeordnet werden können. Beispielhaft tut dies Antonie Wlosok, der zur Analyse der Auseinandersetzung des römischen Staates mit dem Christentum Suetons Nerobiographie, Tacitus' *Annales*, den Briefwechsel von Plinius und Trajan über die Christenprozesse, Märtyreraufzeichnungen aus Nordafrika und heidnische Einwände gegen das Christentum aus Minucius Felix' *Octavius* heranzieht. Dies sind zugleich die wichtigsten römischen Autoren für eine Gegenüberstellung der nicht-christlichen mit den christlichen Quellen. Für das erste Jahrhundert kann auf nur relativ wenige römische Quellen zurückgegriffen werden, da das Christentum zu dieser Zeit kaum vom römischen Staat wahrgenommen wurde. In den folgenden Jahrhunderten liegen hingegen römische Urkunden, Gesetze, Erlasse und andere Aufzeichnungen der römischen Kaiser für die mit dem erstarkenden Christentum an Intensität zunehmenden Auseinandersetzungen vor. An dieser Stelle sei stellvertretend an das Opferedikt und die *Libelli* (Opferurkunden) aus der Verfolgung des Decius, die Verfolgungsedikte Valerians und Diocletians, die Toleranzedikte des Gallienus und des Galerius, aber auch an die polemischen Schriften des Kaisers Marc Aurel, des Philosophen Celsus und des Neuplatonikers Porphyrius erinnert.

Von den jüdischen Quellen ist besonders der jüdische Historiker Flavius Josephus mit seinen in griechischer Sprache verfassten apologetischen Schriften und seiner *Antiquitates Iudaicae* (um 93 n.Chr.) hervorzuheben. Auch auf einige wenige rabbinische Quellen kann zurückgegriffen werden.

Neben den eben genannten christlichen und nicht-christlichen Schriftquellen gibt es eine Vielzahl archäologischer Zeugnisse wie Malereien, Mosaike, Münzen, Skulpturen oder Inschriften, die für eine Rekonstruktion der Geschichte hilfreich sind.

Zusammenfassend lässt sich festhalten, dass die Quellenlage für die Entwicklungsgeschichte des frühen Christentums unterschiedlich gut ist. Insbesondere für das 1. Jahrhundert, d.h. für die Anfänge des Christentums und die Gestalt des historischen Jesus, ist die Quellenlage schwierig. Zum einen liegt das daran, dass es von Jesus keine Schriften und auch keine Aufzeichnungen über ihn in Form von Zeitzeugenberichten gibt, da in den ersten Jahrzehnten nach Jesus Tod aufgrund des Parusiegedankens - also der Erwartung des nahen Gottesreiches - nur mündlich überliefert wurde. Erst mit der Abschwächung der Parusieerwartung und der zunehmenden Ausbreitung des Christentums begann eine systematische schriftliche Fixierung von Glaubensinhalten vor allem in Form der synoptischen Evangelien und der Apostelgeschichte. Zum anderen wurde das Christentum im 1. Jahrhundert nur partiell von dem römischen Staat und den Nicht-Christen wahrgenommen.

So lässt sich das vermehrte Auftreten christlicher Quellen darauf zurückführen, dass die Entstehung des Christentums im gesamten Beobachtungszeitraum überwiegend von seinen Anhängern dokumentiert wurde und die Umwelt nur dann vom Christentum berichtete, wenn sie in Einzelfällen mit ihm in Berührung kam. Dies ist insofern eine typisch historische Quellenlage als eine entstehende Organisation in der Regel von Anfang an detaillierter und kontinuierlicher von ihrer Entwicklung Zeugnis ablegt, als die sie umgebende Umwelt, die meist erst ab einem gewissem Grad der Bedeutung des Phänomens, besonders in Form von Konkurrenz oder Bedrohung, mit einer intensiven Beobachtung der Organisation beginnt.

2. Die Entstehung des Christentums

2.1 Das Römische Reich zur Zeit des Augustus

Staatswesen und politische Lage

Für das Römische Reich bedeutete die Zeit des Augustus eine Phase der Ruhe im Inneren und der Stärke nach außen, in der sich Kultur und Wirtschaft verhältnismäßig ungestört entfalten konnten. Augustus hatte 27 v. Chr. nach 100 Jahren Bürgerkrieg die Republik wiederhergestellt und eine Neuordnung des Staates vorgenommen, bei der die Verfassungsinstitutionen des Staates äußerlich unberührt blieben, ihnen faktisch aber allmählich jedwede entscheidende Mitgestaltung an der Politik genommen wurde. Nach der Reorganisation des Römischen Reiches übte Augustus die oberste legislative, exekutive und judikative Gewalt aus und war zudem Inhaber des obersten religiösen Staatsamtes (*pontifex maximus*). In den folgenden zwei Jahrhunderten sorgte diese Regierungsform für Stabilität und Frieden.

Die von Augustus durch eine geschickte Innen- und Außenpolitik eingeleitete **Friedenszeit**, die *pax romana* oder *pax augusta*, schuf neben stabilen, friedlichen Verhältnissen eine weitgehende politische Einheit der verschiedenen Völker und ihrer Gegensätze. Für die Entstehung und Ausbreitung des Christentums waren dies äußerst günstige Voraussetzungen.

Für den historischen Jesus sind sowohl Augustus (27 v. Chr. - 14 n. Chr.) als auch sein Nachfolger Tiberius (14-37) von Bedeutung. Beide waren zwar nie in Palästina, aber ihr Herrschaftsanspruch und ihre Macht waren durch König Herodes I. (40 - 4 v. Chr.) und seine Nachfolger sowie die römischen Statthalter der Provinzen Syrien und Judäa, Quirinius und Pontius Pilatus, präsent.

Die Bevölkerung des römischen Kaiserreiches umfasste zur Zeit Jesu etwa 50-60 Mio Menschen, davon 5-6 Mio Vollbürger. Sie lässt sich einerseits nach Völkern und Sprachen, andererseits nach Ständen und Schichten gliedern. Östlich des 20. Längengrades wurde überwiegend Griechisch, westlich zumeist Latein gesprochen. Zur Verwaltung war das römische Weltreich in **Provinzen** eingeteilt, von denen es drei unterschiedliche Arten gab: kaiserliche, senatorische und ritterliche Provinzen. Im Gegensatz zu den innen- und außenpolitisch ruhigen senatorischen Provinzen und den vor allem außenpolitisch gefährdeten kaiserlichen Provinzen wurden die ritterlichen Provinzen in

Gebieten eingerichtet, die innenpolitische Besonderheiten aufwiesen. Die ritterlichen Provinzen waren entweder **praefektorisch**, d.h. eine kleine militärische Einheit wurde unter der Führung eines Offiziers aus dem Ritterstand mit der Bezeichnung *praefectus* stationiert, oder **prokuratorisch**, d.h. eine römische Verwaltung wurde unter der Leitung eines Bevollmächtigten mit der Bezeichnung *procurator* etabliert, organisiert. Die Prokuratur setzte sich allmählich als Verwaltungstyp durch und wurde vermutlich zum ersten Mal in Judäa 6 n. Chr. eingerichtet. Anlass dafür waren die ausgeprägte jüdische Kultur, separatistische Bestrebungen der Juden und damit zusammenhängend religiös-politisch motivierte Unruhen in Judäa.

Religion

Im Jahre 12 v. Chr. wurde Augustus die Würde des *pontifex maximus* übertragen und damit die Oberaufsicht über das gesamte Religionswesen des Staates, das am Ende dieses Kapitels skizziert wird. Dieses Amt des obersten Priesters, das den Kaiser für die Verehrung der offiziellen Staatsgötter unmittelbar verantwortlich machte, besaß zugleich eine politische Bedeutung, da im Römischen Reich Politik und Religion aufs Engste miteinander verbunden waren. Eines der sichtbarsten Zeichen dafür war der **Kaiserkult**,[9] der das Wohlergehen von Kaiser und Staat durch die Vergöttlichung des Herrschers kultisch verband. Diesen sich vom Orient in das Römische Reich ausbreitenden Herrscherkult, der ein typisches religiöses Merkmal des Hellenismus darstellte, nutzte Augustus zur Reorganisation der Religion und zur Integration der verschiedenen Religionen und Völker des Weltreiches. Erleichtert wurde Augustus Politik dadurch, dass sich in seiner Person die Sehnsüchte der Menschen nach einem Friedensbringer, Heiland und einer höchsten staatlichen Autorität verbanden. Dementsprechend genoss er als Friedensbringer der *pax augusta* ein hohes Ansehen in weiten Teilen des Reiches, das sich bereits frühzeitig zu einer Gottesverehrung verdichtete und durch die Annahme des sakral gefärbten Ehrentitels "*Augustus*" 27 v. Chr. verstärkt wurde.[10]

Diese Vergöttlichung des Monarchen zu seinen Lebzeiten widersprach allerdings dem Grundgedanken der römischen Staatsreligion, denn sie ließ keine konkreten Aussagen über das Wesen der Götter zu. Vielmehr war das Verhältnis zwischen Göttern und Menschen durch einen exakt festgelegten Kultvollzug geregelt. Dabei war eine Verbindung zwischen dem göttlichen und dem menschlichen Bereich nicht gestattet. Aus diesem Grund lehnte Augustus offiziell den Kaiserkult für seine Person ab; er verhinderte aber nicht, dass er im Osten schon zu Lebzeiten als Gott verehrt wurde und dieser Brauch allmählich auch in den Westen vordrang.

Die Nähe von kultischer Verehrung und dadurch kontrollierbarer Loyalität führte dazu, dass der Kaiserkult schließlich faktisch zur tragenden Staatsreligion wurde und die Herrschaft durch Loyalitätsbekundungen gesichert werden konnte. Die Verzahnung von politischen Aufgaben und kultischer Herrscherverehrung wurde typisch für den Kaiserkult, dem eine Tendenz zu einem universalen Charakter innewohnte. Diese quasi ideologische Integration der unterschiedlichsten Gruppierungen des Römischen Reiches durch den Kaiserkult, die auf der orientalischen Vorstellung vom Sichtbarwerden des Gottes im jeweiligen Herrscher beruhte, sollte sich zu einem zentralen Konfliktstoff zwischen dem erstarkenden Christentum und dem römischen Staat entwickeln.

Das römische Religionsverständnis führte dazu, dass bereits in vorchristlicher Zeit jede religiöse Richtung toleriert wurde, solange sie nicht zu Verbrechen anstiftete, die öffentliche Ruhe und Ordnung störte oder sich außerhalb der gesellschaftlichen Grundlagen stellte. Hintergrund war die Annahme, dass alle Religionen ihre Berechtigung hatten und eigene wie fremde, bekannte wie unbekannte Götter höhere Gewalten darstellten. Man nahm an, dass sich hinter den fremden Götternamen die eigenen Götter verbargen, z.B. entsprach der griechische Zeus dem ägyptischen Amon, dem jüdischen Jahwe und dem römischen Jupiter. Dieses Phänomen wird als **Synkretismus** bezeichnet. Ferner war die römische Religion durch Mysterienkulte und Volksreligionen, die Astrologie, Magie und Wunderglauben mit einschlossen, geprägt. Die *religio romana*, die römische Religion, setzte sich also aus verschiedenen, offiziell zugelassenen Kulten zusammen und integrierte diese. In dieser Pluralität lag - in Verbindung mit der Singularität des Kaiserkultes - die für den Zusammenhalt des Vielvölkerreiches notwendige Integrationskraft, die schon Alexander der Große auf seine Weise zu mobilisieren versucht hatte.

Hervorzuheben ist, dass der persönliche Glaube des einzelnen letztlich Privatsache blieb und dementsprechend nicht religiöse Inhalte, sondern religiöse Formalia, d.h. Kultakte, im Mittelpunkt des römischen Religionsverständnisses standen. Die römische Religion war somit allgegenwärtig, was sich in gemeinsamen, privaten und öffentlichen Kultakten (*cultus*, *ritus*), dem Beobachten göttlicher Zeichen (*auspicia*) und dem Leben in "frommer Haltung" (*pietas*) zeigte. Insgesamt zielten diese Handlungen darauf ab, das eigene Wohl und das des Staates sicherzustellen, so dass ein Gegensatz zwischen Staat und Religion prinzipiell aufgehoben war.

Das römische Göttersystem bestand aus Hauptgöttern wie Jupiter und seinen Gefährtinnen Juno und Minerva und einer Vielzahl von Nebengöttern, die für jede erdenkliche Situation, Handlung oder Notlage existierten. So sorgte Cloacina für die Kloaken und Febris brachte Fieber (Malaria). Diese Verehrung einer Vielzahl von Göttern wird als **Polytheismus** bezeichnet. Eine Vernachlässigung der Götter hatte unweigerlich deren Rache zur Folge. Wie die Menschen die Götter brauchten, so waren die Menschen der Ansicht, dass die Götter die Menschen brauchten, um bei Laune zu bleiben. Die Herrscher versuchten bei politischen Schwierigkeiten die Götter wohl zu stimmen und forderten daher ihre Untertanen auf, ihre Treue gegenüber dem Kaiser und dem Staat in den Kulten zu bekunden. Somit galten öffentliche Kulthandlungen, an denen alle Untertanen teilnahmen, als eine wesentliche Voraussetzung für die Existenz und das Wohlergehen des Staates.

Diese Ausführungen machen deutlich, warum das römische Verständnis von Religion und damit der Kaiserkult aus heutiger Sicht "radikal diesseitig" (W. Dahlheim) und pragmatisch erscheint. Die von den Römern verfolgten "religiösen" Ziele waren ausgesprochen weltlich wie die Aufrechterhaltung von Ruhe und Ordnung in den Provinzen und das Erlangen von Zustimmung zum Imperium zeigen.

Palästina in der Zeit um Jesu Geburt

Palästina ist die Bezeichnung für eine Landschaft, die zur Zeit des Augustus in etwa das heutige Gebiet der Staaten Israel und Jordanien umfasste. Zur Zeit Jesu gehörten die jüdischen Kerngebiete Judäa, Samaria und Idumäa mit wichtigen Städten wie Jerusalem, Samaria und Caesarea zu Palästina, ferner die Gebiete Galiläa und Peräa sowie die von einer nicht-jüdischen Mehrheit bewohnten Gebiete wie Batanäa und Gaulanitis.

Eine klare begriffliche Trennung von **"Palästina"**, **"Juda"** bzw. **"Judäa"** und **"Israel"**[11] respektive dem "Heiligen" oder "Gelobten" Land" lässt sich nicht per se, sondern nur zu bestimmten Zeitpunkten vornehmen. Palästina, das alttestamentliche Kanaan, findet sich im antiken Sprachgebrauch zuerst bei Herodot (um 485 - um 425 v. Chr.) und bezeichnete ursprünglich das Land der Philister[12] an der

Mittelmeerküste zwischen dem Karmelgebirge und Gaza. Es wird in der jüdischen Tradition als das "Gelobte Land", in der christlichen Tradition als das "Heilige Land" bezeichnet.

Nach einem jahrhundertelangen Einwanderungs- und Eroberungsprozess formierten sich die zwölf israelitischen Stämme um 1010 v. Chr. unter ihrem Führer **Saul** im Norden Palästinas zu einem Heerkönigtum, dem späteren Israel. Ihr Ziel, die Philister und deren Hegemonieansprüche über Palästina abzuwehren, konnten sie nach einer Niederlage in der Ebene Jesreel nicht erreichen. Wenig später salbten die im Süden Palästinas ansässigen Judäer, die nicht von Beginn an Teil des israelitischen Stammesverbandes waren, den in Bethlehem geborenen Truppenführer **David** (um 1008-969) zum König von Juda. Er nahm kurze Zeit später auch die Königswürde der Israeliten an und vereinigte dadurch Juda und Israel in Personalunion. Nach siegreichem Kampf gegen die Philister und der Eroberung Jerusalems errichtete David den ersten aus verschiedenen Bevölkerungsgruppen bestehenden palästinensischen Territorialstaat mit der religiösen und politischen Hauptstadt Jerusalem.

Sein Sohn **Salomo** (um 969-930) ließ in Jerusalem, das zur Zeit Jesu zur Provinz Judäa gehörte, den ersten Tempel für Jahwe, den Gott Israels, erbauen, der sich zum religiösen Zentrum der Juden entwickelte. Nach dem Tod Salomos zerfiel das Reich in das größere - von wechselnden Königen regierte - nördliche Reich Israel und das von der Königsdynastie Davids regierte, südliche Reich Juda.[13] In den nachfolgenden Jahrhunderten standen Juda und Israel unter wechselnden Herrschaften und Einflüssen vor allem der Assyrer, Perser, Griechen (Alexander d. Große), und schließlich der Römer und verloren dabei zum Teil ihre Eigenstaatlichkeit ganz wie in der Zeit des babylonisches Exils der Juden (597/586-538).

Zum **Römischen Reich** gehörte Palästina seit 63 v. Chr. In diesem Jahr hatte der Feldherr Pompeius das Seleukidenreich - eines der Nachfolgereiche von Alexander dem Großen, das Kleinasien und Syrien einschließlich Palästina umfasste - für das Römische Reich erobert. Palästina wurde in die römische Provinz *Syria* eingegliedert. Nach der Ermordung Cäsars setzte der Senat im Jahr 40 v. Chr. **Herodes I**. als Vasallenkönig ein; Augustus bestätigte ihn später in seinem Amt.

Herodes entstammte dem nicht-jüdischen Geschlecht der Idumäer und wurde deshalb von einem großen Teil der Juden als Eindringling und fremder Herrscher betrachtet. Verstärkt wurden diese Vorbehalte nicht nur durch seine romfreundliche Politik, sondern auch durch

Abb.1: Palästina in der Zeit um Jesu Geburt

seine jahrzehntelange Loyalität gegenüber dem Römischen Reich und dem Kaiser Augustus, in denen er die Garanten für Frieden und Prosperität seines Herrschaftsgebietes sah. Die Römer dankten Herodes diese Verbundenheit und ließen ihm in der Innenpolitik weitgehend freie Hand; außenpolitisch waren ihm dagegen die Hände gebunden.

Die Verbindung dieser Rahmenbedingungen mit der geschickten und harten Regierungsweise des Herodes brachte dem Land eine fast 30-jährige Friedenszeit. Dennoch sollen diese positiven Aspekte seiner Herrschaft nicht darüber hinwegtäuschen, dass Herodes zeitweise auf rücksichtslose und blutige Weise gegen Angehörige des vor ihm herrschenden Hasmonäerhauses, mit dem er über seine zweite Frau verwandt war, vorging. Zudem trug ihm sein hellenistischer Herrschaftsstils und sein Versuch, das Land u.a. durch eine umfassende Bautätigkeit für die hellenistische Kultur zu öffnen die Feindschaft verschiedener Bevölkerungsgruppen, besonders der Aristokratie, ein. Verstärkt wurde diese Tendenz durch das Bestreben Herodes, seine Herrschaft durch die Ernennung von pharisäischen, nicht aber hasmonäischen oder sadduzäischen Hohepriestern abzusichern. Unter Herodes gab es, anders als zur Zeit des Jesus Prozesses, noch keine jüdische Gruppierung, die als repräsentativ oder normativ angesehen werden konnte. Vielmehr war Palästina um Jesu Geburt - bei zeitweiser politischer Einheit - durch eine innere Zerrissenheit gekennzeichnet. Vor diesem Hintergrund relativiert sich die zuweilen als janusköpfig empfundene und beschriebene Form der Herrschaft des Herodes, der sich z.B. in der Öffentlichkeit als strenger Jude zeigte, zugleich aber durch den Bau eines Amphitheaters in Jerusalem den Zorn der Juden auf sich zog.

Nach dem **Tod** des **Königs Herodes** 4 v. Chr. wurde Palästina unter seinen drei Söhnen Archelaos, Herodes Antipas und Philip aufgeteilt. **Archelaos** erhielt die jüdischen Kerngebiete Judäa einschließlich Jerusalem, Samaria und Idumäa. Aufgrund seiner despotischen Herrschaft wurde er jedoch 6 n. Chr. infolge eines Protests einer jüdischen Delegation bei Augustus nach Gallien verbannt. An seine Stelle traten **römische Statthalter** und Judäa wurde zu einer eigenständigen prokuratorischen Provinz unter direkter römischer Herrschaft. Zur militärischen Absicherung wurde sie in der zunehmend unruhigen und von Aufständen betroffenen Zeit an die Provinz Syrien angelehnt, da dort eine römische Legion stationiert war.

Der Prokurator dieser nach römischem Recht und römischen Verwaltungsmaßstäben neu geordneten Provinz war Verwaltungsleiter, oberster Gerichtsherr und Oberbefehlshaber der aus der einheimischen Bevölkerung rekrutierten Hilfstruppen. Die Juden waren im Unterschied zu anderen Bevölkerungsgruppen des Römischen Reiches aus religiösen Gründen vom Militärdienst befreit. Die Hauptaufgaben der Verwaltung bestanden in der Aufrechterhaltung der öffentlichen Ruhe und Ordnung, der Sicherung der Grenzen und dem Einzug von Steuern, die auf der Grundlage einer Volkszählung erhoben und von der Bevölkerung des durch Kriege und wechselnde Herrschaften ausgebeuteten Landes als sehr drückend empfunden wurden. Die Tatsache, dass die Provinzen die Hauptsteuereinnahmequelle des Römischen Reiches waren und sich beim Einziehen der Steuern erhebliche Möglichkeiten der persönlichen Bereicherung für die Steuereintreiber boten, ist ein Hinweis auf die Last, die die Bevölkerung zu tragen hatte. Als oberster Gerichtsherr verfügte der Prokurator über eine das gesamte Recht umfassende Amtsgewalt. Faktisch übte er seine Amtsgewalt aber nur bei der Blutgerichtsbarkeit politischer Kapitalverbrechen aus. Die Verurteilung Jesu durch Pontius Pilatus ist dafür ein markantes Beispiel. Die übrige Gerichtsbarkeit wurde zumeist von der jüdischen Lokalaristokratie wahrgenommen, deren oberstes juristisches Organ das Synhedrion war. Durch diese Art der römischen Provinzverwaltung verfügte die jüdische Bevölkerung, deren Kult von den Römern als *religio licita* anerkannt war, über umfangreiche politische und religiöse Freiheiten.

Herodes Antipas erhielt die Gebiete Galiläa und Peräa. In seine Regierungszeit (4 v. Chr. - 39 n. Chr.) fällt das öffentliche Auftreten Johannes des Täufers in Peräa, den Herodes Antipas verhaften und wegen der Gefahr politisch-religiös motivierter Unruhen hinrichten ließ. Johannes scheint öffentlich Kritik an der unjüdischen Lebensweise des Herrscherhauses geübt und zudem über einen von Herodes Antipas gefürchteten Einfluss in Teilen der Bevölkerung verfügt zu haben. Jesus wurde möglicherweise nach seiner Gefangennahme von Pilatus an Herodes Antipas, der sich während des Passafestes in Jerusalem aufhielt, überstellt und von diesem wieder zur Verurteilung an Pilatus zurückgewiesen.

Philip erhielt die von Syrern und Griechen dominierten nordöstlichen Gebiete wie Batanäa und Gaulantis. Als hellenistischer Herrscher regierte er milde, friedlich und den Römern loyal ergeben bis 33/34. Da er kinderlos blieb, wurde sein Herrschaftsgebiet nach seinem Tod römische Provinz.

Die Übergabe der Regierungsgewalt an die Söhne Herodes I. markiert den Beginn einer längeren **sozialen und politischen Unruheperiode**, die, von zahlreichen Aufständen begleitet, in den 1. jüdischrömischen Krieg 66 - 74 mündete. Die Tatsache, dass nach wechselhaften Herrschaften der größte Teil Palästinas um 44 wieder unter römische Herrschaft gelangte, hat nicht zur Entspannung des römisch-jüdischen Verhältnisses beigetragen. Im Gegenteil, die Spannungen verschärften sich und führten 66 in einen Volksaufstand, der den eben genannten 1. jüdisch-römischen Krieg einleitete und zur Zerstörung Jerusalems und des Tempels führte. Eine scheinbar einheitliche jüdische Frontstellung gegenüber den Römern zerfällt allerdings bei näherer Betrachtung in verschiedene religiöse Gemeinschaften und Sekten mit unterschiedlichen Zielsetzungen, Verhaltensweisen und spezifischen Einbindungen in Teile der Gesellschaft. Die noch zu erläuternde religiöse Vielfalt, die bei allen Unterschieden auf einer gemeinsamen religiösen Grundüberzeugung basierte, verdeutlicht, warum das vorwiegend agrarisch strukturierte Palästina neben erheblichen religiösen auch von politischen und sozialen Spannungen gekennzeichnet war.

Die Bevölkerung Palästinas umfasste zur Zeit Jesu etwa 1 Mio Menschen. Die **Gesellschaft** lässt sich in drei soziale Schichten einteilen: eine kleine, vornehmlich vom Priesteradel und von Großgrundbesitzern gebildete Oberschicht, eine die Gesellschaft vermutlich stabilisierende Mittelschicht aus Händlern, Kleinhandwerkern und Priestern sowie die breite Masse der Unterschicht, zu denen die armen Kleinbauern, Tagelöhner, Sklaven und Freigelassenen gehörten. Hervorzuheben ist eine größere Zahl durch Erblindung, Lähmung oder Verkrüppelung Arbeitsunfähiger und Marginalisierter, die sowohl gesellschaftlich als auch religiös ausgeschlossen waren. Aufgrund der ungünstigen wirtschaftlichen Rahmenbedingungen, die durch Kriege und die Ausbeutung des Landes durch Könige und Statthalter verschärft wurden, zogen es viele Juden vor, in die Diaspora auszuweichen.

Alle Juden hatten trotz ihrer sozialen Unterschiede folgende **gemeinsame Grundüberzeugungen**:[14]

1. Ein exklusiver, ethischer Monotheismus (Glaube an Jahwe), der die Koexistenz anderer Götter ausschloss und die Tugendhaftigkeit des einen Gottes zum Vorbild der Menschen machte.

2. Der Bund des einen Gottes mit dem auserwählten Volk Israel.

3. Die Koexistenz von priesterlicher Tempelreligion und Opferkult einerseits sowie von laienhafter Synagogenreligion und opferlosem Schriftauslegungsgottesdienst in den Synagogen andererseits.

4. Heilige Schriften, von denen vor allem die Tora hervorzuheben ist, und Traditionen in Form von rituellen Geboten wie koscherem Essen, Beschneidung und Sabbatheiligung.

Vor dem Hintergrund dieser Gemeinsamkeiten ist die Vielfalt der unterschiedlichen religiösen Gruppierungen zu sehen. Zur Zeit Jesu existierten im Wesentlichen drei **Religionsparteiungen**: die **Sadduzäer**, die **Pharisäer** und die **Essener**. Die Entstehung dieser Parteiungen war Folge des Wirksamwerdens hellenistischer Strömungen in Palästina nach der Eroberung durch Alexander den Großen 323 v. Chr. Gegen diese wandten sich Oppositionsbewegungen, die fürchteten, dass die Grundüberzeugungen der jüdischen Religion und die Identität des jüdischen Gemeinwesens durch hellenistische Einflüsse wie den Polytheismus oder den Herrscherkult bedroht seien.[15]

Die Auseinandersetzung des Judentums mit der hellenistischen Kultur nahm im 2. Jahrhundert v. Chr. aber auch in und nach der Regierungszeit Herodes I. an Intensität zu. So ist es nicht weiter verwunderlich, dass im 2. Jahrhundert v. Chr. eine Reihe religiöser Erneuerungsbewegungen entstand, von denen die drei oben genannten das Judentum und die politischen Verhältnisse Palästinas bis in die Zeit Jesu hinein prägten.

Die **Sadduzäer**[16] (abgeleitet vom Namen des Hohepriesters Zadok) können als die wohlhabende, konservative, aristokratische Parteiung bezeichnet werden, die sich vor allem aus aristokratischen Grundbesitzern und dem Priesteradel zusammensetzte und auf den Erhalt des Status quo, besonders ihrer Vormachtstellung, durch Kooperation mit den Römern bedacht war. Ihre ideelle und materielle Machtgrundlage lag in Judäa und konzentrierte sich - auch in wirtschaftlicher Hinsicht - im Umfeld des Tempels von Jerusalem, zumal sie in der Regel den Hohepriester stellten. Das Religionsverständnis der Sadduzäer war im Kern konservativ: Sie achteten nur die geschriebenen Gesetze und schlossen mündliche Überlieferungen und eschatologische Vorstellungen (d.h. Auferstehungsvorstellungen) aus. Hellenistischen Kultureinflüssen hingegen waren sie aufgeschlossen. Ihr Konzept, einen relativ autonomen Tempelstaat unter römischer Herrschaft zu regieren, scheiterte erst mit der Eroberung und Zerstörung Jerusalems und des Tempels im Jahr 70. Den jüdisch-römischen Krieg überlebte die Parteiung der Sadduzäer nicht.

Zusammen mit den Pharisäern, der zweiten wichtigen religiös-politischen Gruppierung Palästinas, bildeten sie das Synhedrion, das unter dem Vorsitz des Hohepriesters als oberste politische, rechtliche und religiöse Instanz fungierte.

Die **Pharisäer**[17] (hebräisch = Abgesonderte) waren die volksnahe und zur Zeit Jesu sehr populäre, religiöse Laienorganisation, von denen vermutlich auch Jesus maßgeblich beeinflusst wurde. Die Pharisäer waren Schriftgelehrte, die die religiösen Gesetze ambivalent auslegten: Einerseits kann ihr Religionsverständnis als liberal bezeichnet werden, weil sie über die schriftlich überlieferten Gesetze hinaus auch mündliche Überlieferungen in ihre Lehre mit einbezogen. Andererseits kann diese Position auch als radikal verstanden werden, weil die Pharisäer die religiösen Regeln und Reinheitsgebote streng auslegten und anwandten und bestrebt waren, sie über die Tempelgebote hinaus auf alle Alltagsbereiche auszuweiten, denn Ziel der Pharisäer war eine allgemeine Verbindlichkeit der Tora für ganz Palästina und seine Bewohner. So wurden neben dem Tempel auch Synagogen zu einem Ort der Religiosität. Die Ritualisierung der Religion und die explizite Überordnung der Laienlehre über den priesterlichen Tempelkult brachte die Pharisäer in einen scharfen Gegensatz und in Konkurrenz zu den Sadduzäern. Im Verhältnis zu den Sadduzäern waren sie zwar die Parteiung mit der schwächeren Machtposition, aufgrund ihrer breiten Verankerung im Volk mussten sie aber von den Sadduzäern politisch berücksichtigt werden.

Messiaserwartung und eschatologische Hoffnungen prägten das religiöse Leben der Pharisäer; dennoch nahmen sie gegenüber den Römern eine realpolitische Haltung ein. Daher trennten sich schließlich die **Zeloten**, der radikale Flügel der Pharisäer, die in der Römerherrschaft eine "religiöse Verunreinigung" sahen, 6 n. Chr. von ihnen. Auslöser des religiös motivierten militärischen Widerstands der Zeloten war der von dem Prokurator Quirinius und dem ersten Statthalter der Provinz Judäa Coponius erhobene Zensus.

Hinsichtlich ihrer religiösen Radikalität sind die Pharisäer zwischen den Sadduzäern und den Essenern, zu denen sie jeweils ein spannungsreiches Verhältnis hatten, einzuordnen. Die religiöse Entwicklung des Judentums wurde nach der Zerstörung des Tempels im Zuge des jüdisch-römischen Krieges im Jahr 70 vor allem von den Pharisäern bestimmt.

Die **Essener**[18] (aramäisch = rein, heilig) waren eine besonders streng-religiöse, ordensähnliche, asketische Gruppierung, deren etwa 4000 Mitglieder vor allem Bauern und Handwerker waren, die in verschiedenen Dörfern und Städten Palästinas lebten. Eine besonders extreme Gruppe errichtete zwischen 135 und 104 v. Chr. im Nordwesten des Toten Meeres nahe Jericho eine heute noch unter dem Namen **Qumran** bekannte Siedlung. In dieser lebensfeindlichen Umgebung existierte die trotz prinzipieller Gleichheit ihrer Mitglieder streng hierarchisch organisierte Gruppe in Gütergemeinschaft. Gemäßigt demokratische Beschlussfassungen in einer Vollversammlung, rituelle Waschungen, eine strenge Auslegung der Reinheitsgebote und religiösen Regeln, die nach außen streng geheim gehalten wurden, kennzeichneten das tägliche Leben in der Wüste.

Die Essener sahen den Jerusalemer Tempel nicht als religiöses Zentrum an; vielmehr verstanden sie sich selbst als eine Art geistigen Tempel. In ihrem Religionsverständnis verband die eschatologisch-apokalyptische Bewegung der Essener eine strenge Bindung an die Tora und ein intensives Studium der Schrift mit einer Suche nach verborgenen Dingen in der Tora und schicksalhaften, endzeitlichen Deutungen und Hoffnungen. Diese spezifische Art eines religiösen "Fanatismus" existierte bis zur Zerstörung des Zentrums der Essener in Qumran durch die Römer im jüdisch-römischen Krieg im Jahr 68.

Im Zusammenhang der noch zu schildernden Auseinandersetzung zwischen Judentum und dem Römischen Reich sind neben den oben genannten drei Bewegungen auch **Johannes der Täufer** und **Jesus** als Führer prophetischer Protestbewegungen zu sehen. Letztlich war allen Gruppierungen gemeinsam, dass der "Traum ... nach einer Wende der Geschichte zugunsten Israels ... nicht in Erfüllung [gehen sollte]. Die Römer blieben Herren des Landes. Aber aus einer dieser Protestbewegungen entstand das Christentum, das im Laufe mehrerer Jahrhunderte das römische Imperium von innen her überwinden sollte."[19]

Zusammenfassend lässt sich die Lage Palästinas in der Zeit vor und nach Christi Geburt wie folgt beurteilen:
Die **Herrschaft der Römer** erstreckte sich auf den politischen und wirtschaftlichen Raum, nicht aber auf die Religion. Folglich wurden weder bestehende Kulte verboten noch zwangsweise eingeführt. Angesichts der **religiösen Differenzierung**, die in Palästina herrschte, und der für die Antike typischen engen Verbindung von Religion und Politik, gelang es den Römern nur zeitweise, eine oberflächliche Stabilität in der seit Jahrzehnten durch **Unruhen** und Ausbeutung gekennzeichneten Region zu etablieren. Das lag vor allem daran, dass

die Römer einerseits eine religiöse Toleranzpolitik verfolgten, andererseits aber eine auf römische Interessen ausgerichtete politische Herrschaft ausübten, die mit dem religiösen und politischen Selbstverständnis der Juden nicht vereinbar war.

Unter diesen Voraussetzungen konnten **messianische und apokalyptische** (d.h. auf das Weltende hinweisende) **Hoffnungen** aufkeimen und sich ausbreiten. Die Hoffnung, dass bald ein **erlösender Heiland** die Menschen aus dem politischen Chaos und den sozialen Missständen herausführen würde, war in der Bevölkerung weit verbreitet. Die Juden Palästinas verbanden mit dem ersehnten Messias darüber hinaus die Hoffnung, von der römischen Herrschaft befreit zu werden. Jüdische Propheten und Anhänger dieser Idee wurden vom Römischen Reich dann verfolgt, wenn die öffentliche Ruhe und Ordnung gefährdet schien. In einer sozialpolitisch angespannten Zeit waren zunehmend mehr Menschen bereit, sich mit Waffengewalt gegen die römische Herrschaft zur Wehr zu setzen, auch um das Nahen eines Gottesreiches zu beschleunigen. Diese Bereitschaft kulminierte schließlich im 1. jüdisch-römischen Krieg.

2.2 Die Anfänge des Christentums

Die Entstehungsgeschichte des Christentums hat einen dreifachen, genau genommen einen vierfachen Anfang. Während die Entstehungsgeschichte des Christentums im engeren Sinne mit der Geburt des historischen Jesus 7/6 v. Chr. beginnt, gehören im weiteren Sinne auch die beiden Wurzeln des Christentums, die bis weit in die Zeit vor Jesus und Augustus zurückreichen, sowie die sich in der Urgemeinde[20] ausprägenden ersten organisatorischen Strukturen zur Entstehungsgeschichte des Christentums dazu.

2.2.1 Die Wurzeln des Christentums

Das Christentum hat zwei Wurzeln: das **Judentum** und den **Hellenismus**. Während das Judentum die religiös-kulturelle Wurzel bildet, ist der Hellenismus die geistig-kulturelle Wurzel.

Zunächst standen die griechische Kultur und Lebensweise und die jüdische Religion in keinem Spannungsverhältnis zueinander; vielmehr wurde der Hellenismus von Teilen des Judentums als kulturelle Bereicherung bei gleichzeitiger selbstbewusster Bewahrung jüdischer Eigenständigkeit toleriert. Dies änderte sich als im 2. Jahrhundert v.

Chr. breite Teile der inzwischen hellenistisch assimilierten jüdischen Oberschicht mit der Unterstützung der seleukidischen Herrscher begannen, Jerusalem zu einer hellenistischen Polis umzugestalten und die Ausübung der jüdischen Religion zu hellenisieren und damit faktisch einzuschränken. Die Bevölkerung spaltete sich daraufhin - vereinfacht formuliert - in eine städtische pro- und eine ländliche antihellenistische Gruppierung. Gegen den drohenden Autonomie- und Identitätsverlust des Judentums formierten sich religiöse Erneuerungsbewegungen, was - wie bereits angedeutet - zu einem nachhaltig spannungsreichen Verhältnis zwischen Judentum und Hellenismus führte.

Judentum

Das **Judentum** entstand in einem langen Prozess und bildete bereits in vorhellenistischer Zeit keine Einheit. Vielmehr gab es drei geographische Hauptgebiete, die zwar in geistiger Verbindung standen, sich aber durch den Einfluss verschiedener religiöser, politischer und kultureller Strömungen unterschieden: Einerseits Palästina mit Jerusalem, andererseits Ägypten mit Alexandria sowie daneben die großen Handelshäfen des griechischen bzw. des römischen Mittelmeeres (Diaspora). Die Mehrheit der Juden lebte aufgrund der wirtschaftlich und sozial ungünstigen Bedingungen nicht in Palästina, sondern vor allem in wichtigen Handelszentren der Diaspora.

Gemeinsam war den Juden aller Gebiete der Besitz der Tora, d.h. der fünf Bücher Mose und anderer alttestamentlicher Schriften, die von den griechisch sprechenden Juden in Übersetzung (Septuaginta) gelesen wurden. Hinzukamen die Synagoge und der Gottesdienst, zumeist die Anerkennung des Jerusalemer Tempels als religiöses Zentrum, rituelle Gebote wie die Pflicht zur Beschneidung sowie die Einhaltung des Sabbats und die Beachtung bestimmter Reinheits- und Speisegebote.

Unterschiede zwischen den jüdischen Gruppierungen lagen vor allem in den verschiedenen Ansichten über die Messiasidee und die Hellenisierung des Judentums, die insbesondere von den Schriftgelehrten strikt abgelehnt wurde. Die Vielfalt der religiösen Strömungen des Judentums hatte zur Folge, dass sich die ersten Christen nicht als eigenständige, vom Judentum isolierte und losgelöste Glaubensgruppierung verstanden, sondern vielmehr als Teil des Judentums, wenn auch mit "reformierten", liberaleren religiösen Ansichten.

Hellenismus

Der **Hellenismus**, der seit seiner Begründung durch Alexander den Großen bis weit in die römische Kaiserzeit hinein in der Antike wirksam war, ist vor allem aus zwei Gründen von Bedeutung: Zum einen, weil die **griechische Sprache als Weltsprache** das Transportmittel für die Verbreitung des frühen Christentums darstellte. Zum anderen bildete sich seit Alexander dem Großen im Osten durch den Austausch von orientalischer und griechischer Kultur und Religion eine neue **Kultur- und Zivilisationsform** heraus. Dies hatte zur Folge, dass nicht nur Wissenschaft und Künste in der hellenistischen Zeit eine einzigartige Blüte erlebten, sondern auch die Bedeutung der Religion als (politisches) Integrationsinstrument aufgewertet wurde. Der bereits erwähnte Herrscherkult, der von den Römern in Gestalt des Kaiserkultes übernommen wurde, drang in den Westen vor, und es entstanden erstmals "Weltgötter von universalem Charakter" (Carl Schneider). Zudem verdichtete sich besonders unter den Wohlhabenden das antike Verkehrs- und Verbindungsgeflecht. Durch die Integration der hellenistischen Kultur in das Römische Reich wurde diese zur **Weltkultur,** vereinheitlichte die antike Welt und bildete so den Nährboden für das Christentum und seine schnelle Ausbreitung.

Der Hellenismus integrierte eine Vielfalt philosophischer, metaphysischer und magischer Strömungen wie die Astrologie oder die Mysterienreligionen, doch eine einheitliche hellenistische Weltreligion hatte sich nicht entwickelt. Trotz der Inkulturation von Orient und Okzident überwogen regionale Unterschiede: So war das Religionsverständnis der Orientalen transzendental, das der Griechen pantheistisch-mystisch und das der Römer institutionell geprägt.

Im Verlauf des 3. Jahrhunderts n. Chr. breitete sich eine geistige Krisenstimmung im Römischen Reich aus, die sich aus der Unruhe wuchernder Großstädte und ihrem Niedergang, der geistigen Übersättigung vieler Menschen und einem ganz allgemein verbreiteten Unsicherheitsgefühl angesichts von Kriegen und Katastrophen speiste. Folge dieser Krisenstimmung war eine Sehnsucht der Menschen, die sich auf eine Hilfe im Diesseits und Jenseits richtete.

Eingebunden in diese Konstellation ist der Aufstieg des Christentums zu sehen, das diese Sehnsüchte und Bedürfnisse aufgriff, sie mit den kultischen Handlungen der durch den Hellenismus geprägten Menschen verband und zum Bestandteil der christlichen Lehre und Praktiken machte.

2.2.2 Der historische Jesus[21]

Name

Der historische Jesus ist unter verschiedenen Namen in die Weltgeschichte eingegangen: Jesus, Christus, Jesus Christus, Jesus von Nazareth (der Nazarener), der Messias.[22]

Der Name "**Jesus**" war bis zum Anfang des 2. Jahrhunderts ein weit verbreiteter Name und lautete in der galiläischen Aussprache *Jeschua* oder *Jeschu* - auf griechisch *Ihssous*. Nach seinem Tod wurde Jesus auch als **Christus** bezeichnet. Christus geht auf das griechische Wort *Christos* zurück. *Christos* ist die Übersetzung des Wortes **Messias** und bedeutet im Hebräischen "der Gesalbte". Diese Übersetzung wurde im Zuge der christlichen Mission der griechisch sprechenden Heiden notwendig, um ihnen das Christentum und seine Botschaft zu vermitteln. Messias ist nämlich ein religiöser jüdischer Hoheitstitel, der mit der Frühgeschichte des Judentums und dem Königtum Davids eng verbunden war.

Den Griechen und anderen griechisch sprechenden Heiden war demnach nicht nur der hebräische Begriff Messias unverständlich, sondern auch seine Bedeutung. Schließlich entstammte der Messiasbegriff der jüdischen Kultursphäre und bezeichnete seit den Anfängen des Judentums die Amtseinsetzung, die Legitimation und die Bevollmächtigung von Königen[23] und Hohepriestern. Deren Salbung erfolgte ursprünglich durch das Volk und darüber hinaus durch den Gott Jahwe[24] bzw. seine Propheten, wodurch der Gesalbte zu einem von Gott auserwählten und legitimierten Führer wurde. Dieser ideelle Führer und Herrscher aus der Dynastie Davids wurde nach der Spaltung von Israel und Juda erhofft.

Nach der Rückkehr aus dem babylonischen Exil hatte sich der Messiasbegriff gewandelt, ohne dass sich eine einheitliche oder offizielle Verwendung des Begriffs herauskristallisiert hatte. So verbanden sich nun Zukunftserwartungen religiöser und irdischer Hoffnungen wie der Anbruch der Gottesherrschaft und der Endzeit durch die Inbesitznahme Palästinas und die Befreiung von der Fremdherrschaft mit der Person des göttlich erwählten Messias. Die Sehnsucht nach einem Messias, der das Reich Gottes errichten und dadurch Israel über alle Reiche der Welt erheben sollte, verstärkte sich vor allem in Krisenzeiten, in denen die religiöse Freiheit der Juden und ihre Existenz als Volk Bedrohungen ausgesetzt war. Besonders seit dem 1. Jahrhundert v. Chr. gewannen die messianischen Erwartungen an Intensität, wobei zunehmend die Trennung von der Person des Messias und der allgemeinen Heilserwartung verschwamm. Dennoch unterschieden sich die Messias-Vorstellungen der palästinensischen Juden, der Diasporajuden und der Christen:

Für die palästinensischen Juden war der Messias ein militärisch und politisch begabter sowie besonders gerechter und frommer Mensch, der von Gott adoptiert wurde, aber nicht sein natürlicher Sohn war. Dagegen sahen die Diasporajuden im Messias ein göttliches Wesen, einen göttlichen Führer bei ihrer Rückkehr nach Israel. Gemeinsam war ihnen die alttestamentliche Vorstellung, dass der Messias als ein davidischer und eschatologischer Heilskönig und Gesandter Gottes zukünftig als König der Juden oder König Israels das Gottesreich errichten werde. Die spätere christliche und neutestamentliche Sicht war demgegenüber vergangenheitsbezogen. Dies wird in der Verbindung von Jesus und Christus deutlich, denn **"Jesus Christus"** war ursprünglich ein **Bekenntnis**: "Jesus ist der Christus", d.h. "der Messias" (so wörtlich bei Joh 1,41 und 4,25), der vom AT und den Propheten verheißene König Israels.[25] Jesus ist damit zugleich von Gott auserwählt und legitimiert. Die Texte des AT wurden dementsprechend auf die Person Jesu hin interpretiert. Vermutlich handelt es sich dabei um eine nachträgliche Interpretation des historischen Jesus, wie sich beim Studium des NT zeigt, in dem der Titel Christus über 500 mal vorkommt, von Jesus selbst aber nicht beansprucht oder benutzt wurde. Vermutlich hatte Jesus grundsätzliche Vorbehalte gegenüber Hoheitstiteln zumal er nicht als Richter auftrat, sondern als charismatischer Wunderheiler und Verkünder einer Heilsbotschaft vor allem für gesellschaftlich Ausgegrenzte. Die in Palästina verbreiteten messianischen Erwartungen, die auch auf Jesus übertragen wurden, lehnte er ab. Dennoch kann Jesus ein messianisches Sendungsbewusstsein nicht völlig abgesprochen werden, und seine Anhänger können ihn als Messias angesehen haben. Infolge der mangelnden Kenntnis der Heiden (hier = Nicht-Juden) von der Messiasvorstellung und dem Messiastitel wurde das Bekenntnis "Jesus Christus" im Zuge der Heidenmission des Paulus als **Eigennamen** für Jesus aufgefasst. Die christliche Lehre hingegen verband Jesus seit der Heidenmission mit der Vorstellung von einem göttlichen Erlöser und Heilbringer (Messias) durch den Christus-Begriff. Seitdem galt Jesus Christus als König und Heiland der Welt; dabei verblasste die Bezeichnung Jesus Christus, also die Verbindung des Namens und des übersetzten Titels, zunehmend zu einem Eigennamen. Infolgedessen wurde die Heiland-, d.h. Messias-Funktion Jesu allein aus seiner Person heraus und nicht aufgrund des ihm ursprünglich attribuierten Titels zugesprochen. Dabei war Christus wie dargelegt eine griechische begriffliche Neuprägung, die allein den Zweck der Übersetzung des Messias-Titels zum Hintergrund hatte.

Schließlich ist **Jesus von Nazareth** eine Bezeichnung für Jesus, weil dieser in Nazareth geboren wurde.[26] Daher wurde ihm auch der Name "der Nazarener" zugewiesen, wenn auch seine Geburt aus religiös-traditionellen Gründen zuweilen nach Bethlehem, dem Geburtsort Davids, verlegt wurde, um seine Messianität und Davidsohnschaft glaubhaft zu untermauern.[27]

Lebens- und Todesdaten

Das Leben und Sterben des historischen Jesus lässt sich nur partiell rekonstruieren, da nur unzureichend Quellenmaterial vorhanden ist. Jesus selbst hat keine Aufzeichnungen hinterlassen und die Evangelien berichten durch ihre theologische Färbung vor allem über den Jesus des Glaubens und nur wenig über den Jesus der Geschichte. Nicht-christliche Quellen sind kaum überliefert und berichten entweder nur indirekt über Jesus oder beziehen ihre Informationen aus christlichen Quellen. Die Tatsache, dass besonders die Geburt Jesu aber auch weite Teile seines Lebens für die Zeitgenossen kein historisch bedeutendes Ereignis darstellten, erklärt zum einen, warum kaum nicht-christliche Quellen existieren und zum anderen, warum die Geburt Jesu nachträglich in eine weltgeschichtliche Dimension gerückt wurde.

In der Forschung ist die Zeit der **Geburt** des historischen Jesus im Jahr **7/6 v. Chr.** in der römischen Provinz Judäa weitgehend anerkannt. Nachfolgende Überlegungen bestätigen diese Annahme, wenn auch eine zweifelsfreie Datierung des Geburtsjahres auf der Basis der überlieferten Quellen nicht möglich ist:

Nach Lk 2,1 wurde Jesus in der römischen Provinz während des Prinzipats des Augustus (27 v. Chr. - 14 n. Chr.) geboren. Zur Zeit der Geburt Jesu gab Augustus den Befehl, eine Volkszählung durchführen zu lassen. Dieser Befehl erging im Jahr 8 v. Chr. und hat die Provinz Judäa wahrscheinlich 7 v. Chr. erreicht. Die Geburt Jesu muss ferner vor dem Tod des Königs Herodes I. (im Frühjahr 4 v. Chr.) erfolgt sein, da dieser bei der Geburt Jesu Klientelkönig in Palästina gewesen sein soll.[28] Für das Jahr 7 v. Chr. spricht, dass der in der Weihnachtsgeschichte des Lukas erwähnte Quirinius (Cyrenius) in diesem Jahr als Sonderbeauftragter in Judäa tätig war. Statthalter wurde er dagegen erst 6 n. Chr. Eine Präzisierung des Geburtstages bleibt spekulativ. Vermutlich fand die Volkszählung in der Zeit zwischen Aussaat und Ernte statt, so dass die Geburt Jesu Anfang Dezember denkbar ist. Der 25. Dezember wurde erst unter Konstantin I. zum Geburtstag Jesu erklärt. Ursprünglich wurde an diesem Tag der Wintersonnenwende der Geburtstag des Sonnengottes Mithras gefeiert, den Konstantin I. als dessen Anhänger auf Jesus übertrug. Bezeichnender Weise wurden Jesus später von eben diesem Sonnengott alle Eigenschaften eines Lichtgottes attribuiert.

Ob der Stern von Bethlehem tatsächlich über dem Stall von Maria und Joseph beobachtet wurde, lässt sich nicht genau zurückverfolgen; allerdings gab es eine seltene dreimalige Saturn-Jupiter-Konjunktion, die auf das Jahr 7 v. Chr. datiert wird.

Als **Todestag** Jesu wird von der Mehrzahl der Forscher der **7. April des Jahres 30** angegeben. Zur Rekonstruktion des Todeszeitpunktes bildet die Amtszeit des Pontius Pilatus den Rahmen, der 26 - 36/37 Präfekt der römischen Provinz Judäa (*praefectus iudaeae*) in Caesarea war. Dieser Zeitraum wird weiter eingegrenzt durch die Begegnung Jesus mit Johannes dem Täufer vermutlich im Jahr 27/28 und durch die Bekehrung des Paulus, die spätestens 35, eher früher datiert werden kann.[29] In allen vier Evangelien wird als Todestag der gleiche Wochentag, nämlich ein Freitag angegeben.[30] Während die Synoptiker allerdings den Todestag mit dem ersten Passatag, d.h. dem 15. Nisan (März/April) als Beginn des Passafestes gleichsetzen, nennt Johannes den 14. Nisan,[31] den Vortag des Passafestes. Johannes Angabe erscheint insofern plausibel als eine römische Hinrichtung am ersten Tag des jüdischen Passafestes Anlass zu öffentlichen Unruhen und Ausschreitungen gegeben hätte. So ist es denkbar, dass der Todestag Jesu der Freitag vor dem am Samstag beginnenden Passafest gewesen ist.

Astronomisch lässt sich dieser Freitag auf die Jahre 27, 30, 31 (geringe astronomische Wahrscheinlichkeit), 33 und 34 eingrenzen. Davon sind 27 und 34 unwahrscheinlich, weil der Freitag dann der 15. Nisan wäre. In Frage kommen demzufolge nur die Jahre 33 und 30. Im Jahr 33 entspräche der 3. April dem 14. Nisan, was aber nicht mit der Chronologie des Paulus übereinstimmen würde. Aus diesem Grund ist das Jahr 30 wahrscheinlicher und von der Mehrheit der Forschung als Todesjahr Jesu anerkannt. Somit wäre der 7. April der 14. Nisan des Jahres 30 Jesus Todestag. Zweifelsfreie Beweise für diese Annahme fehlen jedoch.

Lebenslauf

Der Geburts- und der Todestag bilden die Eckdaten für die Rekonstruktion des öffentlichen Wirkens des historischen Jesus. Dies ist insofern wichtig, als nur das öffentliche Auftreten Jesu aus den Quellen und durch den Bezug auf parallele Geschehnisse in der römischen Geschichte herausgearbeitet werden kann; seine Kindheit und Jugend bleibt demgegenüber Gegenstand der Spekulation. Eine **Biographie** Jesu lässt sich demnach nicht schreiben, jedoch kann mit Hilfe der nachfolgenden Erkenntnisse zumindest bruchstückhaft ein Lebenslauf Jesu nachgezeichnet werden.

Jesus wurde wahrscheinlich als ältestes Kind des Tekton (Bauhandwerker) Josef und der Marjam (gräzisiert Maria) **in Nazareth geboren** und hatte vier Brüder - Jakobus, Josef, Juda und Simon[32] - und mehrere Schwestern. Es ist denkbar, dass sein Vater früh verstarb und deshalb nur wenig über ihn bekannt ist. Die Namen der Brüder Jesu deuten auf eine tiefe Verwurzelung der Familie in der jüdischen Tradition hin; die Namen der Schwestern sind nicht überliefert. Über seinen Geburtsort Nazareth, in dem Jesus wahrscheinlich auch aufgewachsen ist,[33] berichten bis auf die Sondertradition bei Mt 2,1 und Lk 2,4 alle Evangelien einstimmig.[34] Die Verlegung seines Geburtsortes nach Bethlehem ist auf die Bemühungen der Evangelisten zurückzuführen, Jesus in die königliche Kontinuität Davids aus Bethlehem zu stellen, da diese mit der im AT verkündeten Davidsohnschaft des Messias einhergeht. Während von Bethlehem also ein Messias erwartet wurde, war Jesus Geburt in Nazareth völlig bedeutungslos. Nazareth, dessen Einwohner zum großen Teil in Wohnhöhlen lebten, lag im Bergland des südlichen Galiläa weitab von Handelsstraßen und wird aufgrund seiner wirtschaftlichen und politischen Marginalität in keiner antiken Quelle erwähnt.

Es kann angenommen werden, dass Jesus von seinem Vater den **Beruf** des Tekton erlernt hat[35] und diesen Beruf auch ausgeübt hat. Zudem wird ihn sein Vater in die heiligen Schriften eingewiesen haben, aber auch die Lesungen und Auslegungen der Schriften in der Synagoge werden zu seiner theologischen **Bildung** beigetragen haben. Jesus konnte daher vermutlich Lesen, sprach Aramäisch und auch Hebräischkenntnisse können angenommen werden. Ungewiss bleibt das Ausmaß der Bildung Jesu durch Johannes den Täufer, der einen prägenden Einfluss auf Jesus ausgeübt hat und der der Auslöser dafür war, dass Jesus sein Handwerkerleben in Nazareth aufgab.

Jesus war wahrscheinlich ein guter Redner mit einer charismatischen Ausstrahlung, deren Wirkung und Ausmaß schwer zu bestimmen ist, sich aber aus seinem Auftreten in Jerusalem kurz vor seiner Verhaftung erschließen lässt. Seine Familie scheint ihn zeitweise für verrückt gehalten zu haben[36] und hat sich von ihm bis zu seinem Tod distanziert.[37] Erst nach Ostern haben sich ihm einige der Familienmitglieder wieder zugewandt.[38] Überhaupt scheint er in seinem Heimatort auf Ablehnung gestoßen zu sein.[39] Diese "unrühmlichen" Aspekte seines Lebens erscheinen sehr glaubhaft, weil die Evangelisten das Leben Jesu wohl kaum mit negativen Elementen ausgeschmückt hätten.

Nach der **Begegnung mit Johannes dem Täufer**, die den Ausgangspunkt der Trennung von seiner Familie darstellt und als erste gesicherte biographische Angabe angesehen werden kann, zog er nicht in seiner Heimatgegend, sondern im Nordwesten Galiläas etwa zwei Jahre als **Wanderprediger** umher. Die genauen Orte seines Wirkens und seine Route lassen sich nicht mehr rekonstruieren. Festzustehen scheint nur, dass Jesus im Grenzgebiet zwischen den Herrschaftsgebieten von Herodes Antipas und Philip vor allem am Nordufer des Sees Genezareth im Raum Kapernaum ausschließlich in jüdischen Gebieten gepredigt und Jünger um sich gesammelt hat, bevor er nach Jerusalem ging.[40] Eine eigene Familie gründete er nicht. In der Öffentlichkeit trat Jesus mit öffentlichen Predigten, Disputationen und einem bewussten Verkehr mit Verfemten auf, z.B. bei Mahlzeiten, Exorzismen und Heilungen, wenn auch die Berichte über seine Wundertaten theologisch gefärbt sind.

Jesus vereinte in seiner Person Züge eines Propheten, Wunderheilers und Rabbis, der letztenendes völlig eigenständig war, wie seine Anhänger und Nachfolger betonen. Aus historischer Sicht bleibt Jesus jedoch lediglich ein Führer einer apokalyptischen Gruppe, von denen es zu dieser Zeit viele gab. Die Dauer seines Wirkens ist nicht gesichert. Vermutlich handelt es sich nur um eine kurze Zeitspanne. Die präziseste Angabe lässt sich aus Lk 3,1 entnehmen und umfasst höchstens die Zeit zwischen Januar 26 und April 30. Dass er nach Lk 3,23 zu dieser Zeit etwa 30 Jahre alt gewesen sein soll, entspricht vor allem der biblischen Tradition; so begann auch David seine öffentliche Laufbahn im Alter von 30 Jahren. Nach der oben angestellten Berechnung war Jesus hingegen bereits 36 Jahre alt.

Bedeutung des Täufers Johannes

Johannes der Täufer[41] war ein **populärer jüdischer Endzeitprophet**, der um 28[42] in der Wüste von Judäa in der Nähe des Jordans das unmittelbare Ende der Welt verkündete und eine streng an der Tora orientierte Umkehr predigte.[43] Er erwartete, dass mit dem nahen Ende der Welt der göttliche Zorn in Form eines Gerichtes über das Volk Israel einbrechen würde.[44] Umkehrwillige, also Bußwillige, konnten ihre Sünden bekennen, künftigem Sündigen abschwören und dies durch den symbolischen Akt der Reinigung durch die Taufe bekräftigen. Der einmalige Initiationsritus der Taufe bestand in einem Wasserbad im Jordan und trug dem Sohn des Priesters Zacharias Johannes den Namen "der Täufer" oder "der Untertaucher" ein. Zu dieser Zeit war Johannes Anfang/Mitte 30, mindestens jedoch 32 Jahre alt, da er noch unter Herodes I. geboren worden war. Er predigte vermutlich nur eine begrenzte Zeit in der Wüste und wurde auf Befehl von Herodes Antipas in der Festung Machärus inhaftiert und zwischen 30 und 36 enthauptet.[45] Ursache für das Vorgehen des Herodes Antipas gegen Johannes den Täufer war wahrscheinlich dessen öffentliche Kritik an der unjüdischen Lebensführung des Herodes Antipas in Verbindung mit dem weit reichenden Einfluss von Johannes beim jüdischen Volk. In scharfer Form hatte Johannes die "kulturelle Entfremdung [des Herodes Antipas] von den Normen des jüdischen Volkes"[46] kritisiert, denn Herodes Antipas hatte seine Schwägerin Herodias geheiratet und seine Frau verstoßen,[47] seine Hauptstadt Tiberias auf einem jüdischen Friedhof errichtet und ein ausschweifendes Hofleben geführt. Da die Kritik des Johannes nicht nur Herodes Antipas persönlich betraf, sondern zudem ein beträchtliches religiös-politisches Unruhepotential barg, wurde der Täufer "aus dem Verkehr gezogen". Letztlich lagen die Wurzeln des Konflikts aber tiefer, trafen doch in den Personen des Johannes und des Herodes Antipas die geistigen Kräfte des Judentums und des Hellenismus in geballter Form aufeinander.

Johannes der Täufer verstand sich als **Prophet** und wurde von seinen Jüngern als solcher gesehen. Sowohl sein Wüstenaufenthalt als auch seine Kleidung und Ernährung waren traditionelle Merkmale messianischer, in Askese lebender Propheten aus dem Alten Testament.[48] Vermutlich hat sich Johannes und haben seine Jünger, allen voran Jesus, ihn sogar mit dem letzten endzeitlichen Propheten - *Elias redivivus* - identifiziert.[49] Die Resonanz seiner Lehre muss beträchtlich gewesen sein und hat sich überregional bis nach Jerusalem und wohl auch darüber hinaus verbreitet. Jesus war einer unter vielen, die ihm folgten und sich von ihm taufen ließen.[50]

Im Mittelpunkt der **Lehre des Johannes** stand die Forderung nach einem Lebenswandel gemäß der göttlichen Ordnung, den der jüdische Historiker Flavius Josephus mit Tugend, Gerechtigkeit und Frömmigkeit beschreibt (Ant 18,117) und kann als Aufruf zu einem streng religiösen und an der Tora orientierten Leben verstanden werden. Für Johannes entschied diese fromme Lebensweise über Heil und Unheil bei Anbruch der Gottesherrschaft auf Erden. Durch das unmittelbar bevorstehende Endgericht war es in seinen Augen nötig, die Sünden zu bekennen und zu geloben, künftig Sünden zu vermeiden, um dem endzeitlichen Feuergericht entgehen zu können. Das rituelle Wasserbad des Täufers reinigte die Sünder und schuf so eine Gemeinschaft, die das wahre, endzeitliche Israel verkörperte zu dem Unreine, d.h. Nichtgetaufte, keinen Zutritt hatten und daher der ewigen Verdammnis ausgeliefert waren.[51] Johannes stand mit dieser Verkündigung des Endgerichts in der Tradition altjüdischer Heils- und Endzeiterwartung; der in der Wüste erwartete Messias hatte die Aufgabe eines Endzeitrichters. Anders als die altjüdischen Prophezeiungen sah Johannes in der Taufe jedoch einen zwingend erforderlichen Initiationsritus, durch den die Gereinigten zu dem in der Endzeit erhöhten Israel gehören sollten. Bildlich gesprochen schützte die Reinigung im Wasser vor der Vernichtung im endzeitlichen Feuer.

Zusammenfassend lässt sich Johannes prophetische Lehre als Droh-, Gerichts- und Unheilspredigt mit eschatologischer Heilszusage charakterisieren. Konkrete Inhalte seiner Predigten sind nicht überliefert.

Johannes der Täufer und Jesus

Jesus verehrte Johannes sehr,[52] er war sein Schüler und wurde von Johannes als besonders bedeutend hervorgehoben.[53] Aller Wahrscheinlichkeit nach sah Johannes in Jesus aber nicht den Messias,[54] denn wie bereits dargestellt, verstand Johannes sich und haben seine Schüler ihn als Endzeitpropheten verstanden. Die Evangelisten[55] hingegen sprachen Johannes dem Täufer sowohl seinen messianischen als auch seinen prophetischen Rang ab. Für sie war entgegen dem zeitgenössischen Verständnis allein Jesus der (letzte) Messias. In ihrer Vorstellung war Jesus bedeutender als Johannes, war Jesus der "Stärkere"[56] und Johannes lediglich sein Vorläufer. Das christliche Weltbild lässt noch heute durch seine Jesus-Zentrierung kaum eine andere Sicht zu. Die Geschichte des Christentums und der christlichen Kirche läuft auf Jesus zu. Er ist der Anfang, das Zentrum, die Botschaft und der Maßstab der christlichen Lehre. In dieser Konzeption stellte die **Konkurrenz** des Johannes als Prophet und Messias bereits für die Urgemeinde ein doppeltes Problem dar:

Zum einen, da Jesus zu dem großen Endzeitprediger jener Zeit ging und sich von ihm zur Sündenvergebung taufen ließ, woraus geschlossen werden kann, dass Jesus sich sündig fühlte und sich deshalb von Johannes reinigen lassen wollte. Ferner liegt der Schluss nahe, dass Jesus die wesentlichen Elemente der Botschaft des Johannes teilte und in seine spätere Lehre und Predigt aufnahm.

Zum anderen deutet die nachhaltige, konstruierte Ablehnung des Johannes als Messias[57] darauf hin, dass die Evangelisten sich gegen Anhänger und Verehrer des Johannes, die ihn als Messias sahen, abgrenzen und durchsetzen mussten. Schließlich konnte nur einer von beiden der letzte Messias sein. Im Laufe der Zeit und besonders im Zuge der Niederschrift und Autorisierung der Evangelien wurde die Rolle des Johannes daher stark beschnitten und Jesus ein uneingeschränktes Primat zugemessen.

Dennoch wirkte die Lehre des Johannes über seinen Schüler Jesus bis in das Christentum hinein. Eine Reihe von **Gemeinsamkeiten**, die **Johannes und Jesus** miteinander verbinden, machen dies deut-lich. Zu ihnen gehören Parallelen in Lehre, Leben, Sterben, Anhängerschaft und deren Erwartungen, aber auch ihre Opposition gegenüber religiösen Eliten:

- Johannes und Jesus waren endzeitliche, charismatische und populäre Propheten und standen in der Kontinuität jüdischer Verkündigungen. Sie lehrten die unmittelbar bevorstehende Königsherrschaft Gottes und die unverzüglich notwendige geistig-religiöse Umkehr der Menschen.

- Johannes und Jesus führten innerjüdische apokalyptische Reformbewegungen an. Sie waren Juden, aber sie schränkten (implizit) die Rolle des Tempels ein bzw. hielten den Tempelkult für überflüssig.

- Johannes und Jesus Zielgruppe bzw. ihr soziales Milieu, in dem sie wirkten, waren das einfache Volk und die Unterschichten einschließlich der Ausgestoßenen. Ihr Angebot der Sündenvergebung, das bisher überwiegend Priestermonopol war, trug ihnen die Gegnerschaft der Tempelaristokratie ein.

- Johannes und Jesus wurden von den Herrschenden verfolgt und starben eines gewaltsamen Todes. Hintergrund ihrer Hinrichtungen waren religiös-politische Motive, die in den Zusammenhang einer Gefährdung der öffentlichen Ruhe und Ordnung gestellt wurden. Die Quellen bleiben hinsichtlich der Verantwortung der Römer für ihre Hinrichtung vage.

Die Evangelien erwecken durch die Darstellung der Gemeinsamkeiten und der Parallelisierung der Geburtslegenden von Johannes und Jesus[58] sowie ihrer Lehre[59] und ihres göttlich vorherbestimmten Todes[60] den Eindruck, dass Johannes und Jesus als Prophetenpaar - Johannes der Täufer als Priester und Jesus als davidisch-königlicher Messias - verehrt wurden.

Trotz dieser Gemeinsamkeiten gibt es auch wesentliche **Unterschiede** zwischen Johannes und Jesus, denn Jesus entwickelte eigenständige Vorstellungen, die über die Botschaft des Johannes hinausgingen:

- Jesus verkündete eine gleiche, aber neue Botschaft, indem er Johannes Lehre umdeutete: Er ergänzte die Gerichts- durch eine frohe Heilsbotschaft und ersetzte den zornigen Gott durch einen vergebenden, bedingungslos liebenden Vater (*Abba*).

- Während für Johannes das unmittelbare Weltende durch den richtenden Gott bevorstand, war das Reich Gottes für Jesus bereits angebrochen. Jeden Tag bis zum Endgericht deutete Jesus als Gnade Gottes, die den Menschen zur Umkehr gewährt wurde.

- Jesus wandte sich an alle Menschen Israels und knüpfte an seine Botschaft keine Bedingungen. Während Johannes das Endgericht verkündete und die Taufe als "Heilmittel" vor Gottes Zorn anbot, lehrte Jesus die Heils- und Liebesbotschaft Gottes, deren Missachtung das Endgericht bestrafen würde.

- Jesus wirkte nicht in der menschenleeren Wüste, sondern in Dörfern und Kleinstädten Galiläas und lebte im Unterschied zu Johannes nicht in Askese.

- Möglicherweise sah Jesus sich als Sohn Gottes, als Menschensohn, während Johannes den "Stärkeren", den Richter oder Gott selbst noch erwartete.

- Jesus erkannte zwar die Taufe des Johannes an, sah sie aber nicht als notwendigen Bestandteil einer Umkehr an. Ob er selbst oder seine Jünger tauften, bleibt unklar.

Zusammenfassend lässt sich sagen, dass Johannes eine eigenständige Bedeutung und Größe besaß. Er lässt sich in keine der skizzierten Religionsparteien einordnen. Im Mittelpunkt seines Glaubens und seiner Lehre stand das erwartete nahe Ende der Welt. Für dieses Ende galt es sich zu reinigen. Bis heute wird die Wassertaufe, wenn auch mit anderem Gehalt, praktiziert. Auch das Vaterunser geht möglicherweise auf Johannes zurück. In dieser Hinsicht, vor allem aber wegen seiner Bedeutung für Jesus, gehört Johannes im Grunde genommen zu den Anfängen des Christentums.

Jesus wird durch Johannes erst verständlich. Johannes war der Grund, warum Jesus seine Heimat Nazareth verließ. Johannes war der Täufer und Lehrer Jesu. Von Johannes stammen zentrale Gedanken der Lehre Jesu, die Jesus modifizierte: Das Ende der Geschichte wurde zum nahen Gottesreich, der zürnende Gott zum heilbringenden Gott. Alles in allem wurde Jesus erst durch Johannes zu dem was er heute noch ist. Vielleicht sind einige Jünger und Anhänger des Johannes zu Jesus übergetreten. Auf jeden Fall definierte Jesus sich über und durch Johannes.

Glaube und Lehre Jesu

Über den Glauben und die Lehre Jesu ist erheblich mehr bekannt als über sein Leben. Zu bedenken gilt es dabei jedoch, dass sich eine Rekonstruktion nur auf christliche Quellen stützen kann, die vor allem Zeugnisse des Glaubens und nur eingeschränkt historisch authentische Überlieferungen sind. Das liegt daran, dass die Verfasser christlicher Berichte beabsichtigten, überwiegend Glaubensinhalte festzuschreiben und den Glauben zu verbreiten. Zum Erreichen dieser Absicht orientierten sie sich zwar an historischen Fakten, ordneten diese aber zuweilen Glaubensfragen unter oder passten sie ihnen an.

Jesus hat **kein kohärentes Lehrgebäude** und keine in sich geschlossene Theorie entwickelt. Er hat auch keine umfassende, systematische Kritik an der jüdischen Religion geübt. Beides war aus seinem Verständnis heraus auch gar nicht notwendig, stand doch die Endzeit - das Königreich Gottes - nicht nur unmittelbar bevor, sondern hatte diese Zeit bereits mit ihm begonnen.[61] Gesellschaftliche oder politische Reformen waren in einer solchen Zeit überflüssig; zum einen, weil das Reich Gottes bereits angebrochen war, zum anderen, weil in der verbleibenden Zeit bis zur endgültigen Etablierung dieses Gottesreiches sich jeder einzelne Mensch aus ganzem Herzen Gott direkt und ohne Zwischeninstanz zuwenden sollte. Wesentlicher Inhalt der Botschaft Jesu war nämlich keine formale Gesetzestreue der Gebote Gottes oder ein unbedingter Gehorsam gegenüber Gott, sondern die völlige Hingabe des Herzens, die sich in der Liebe zu Gott und auch zu den Mitmenschen äußern sollte. Jesus ersetzte - und das ist seine eigentliche Leistung - die äußere Befolgung religiöser Gesetze durch eine innere religiöse Hinwendung zu Gott. Denn Gott, so Jesus, macht den Menschen in der angebrochenen Heilszeit ein einmaliges, großes Angebot:[62] Gott wendet sich den Menschen bedingungslos zu. Er ist der liebende und vergebende Vater, an den sich jeder einzelne Mensch direkt wenden kann, und weniger der Richter der Welt. Aus diesem Verständnis heraus nennt Jesus Gott *Abba*, Vater, und fordert die Menschen zu einer brüderlichen Gesinnung gegenüber den Nächsten bis hin zur Feindesliebe auf. Mit dieser positiven und **frohen Botschaft** geht er über die Mahnungen Johannes des Täufers, die sich auf Buße und Umkehr beschränkten, hinaus. Wer seine Gebote erfüllt, kann sich aus göttlicher Gnade und nicht als Gegenleistung für Frömmigkeit einer absoluten und bedingungslosen Liebes- und Heilszusage Gottes sicher sein. Denn, dass Gott nahe ist und sein Reich für Jesus schon Wirklichkeit ist, bedeutet nicht Schrecken, sondern Heil und Freude.

Faktisch implizierte diese frohe Botschaft mit der Hinwendung zu den sozial Schwachen und Ausgeschlossenen, der Gleichheit aller Menschen vor Gott und der absoluten Nächsten- und Gottesliebe bis hin zur Feindesliebe, eine Veränderung des sozialpolitischen und religiösen Status quo. Innere Werte und nicht äußere Besitztümer und das Einhalten religiöser Formalia waren für Jesus der entscheidende Maßstab für die Liebe Gottes, der alle Menschen gleichermaßen liebte. Eine derartige Delegitimation von Herrschaft und Besitz, die Aufweichung bisheriger religiöser Praktiken, sein Hinwegsetzen über das herkömmliche Verständnis von einem Messias, aber auch sein Selbstverständnis, in der Reihe der Propheten letzter Bote Gottes und Retter Israels zu sein, trug Jesus die Feindschaft zahlreicher jüdischer Gruppierungen ein. Verstärkt wurde diese Entwickelung durch die auf die Zukunft und auf das Jenseits gerichteten Elemente seiner Botschaft, die die Befreiungshoffnungen der Juden von der Herrschaft der Römer enttäuschten.

Dennoch lässt sich die Lehre Jesu in die jüdischen (apokalyptischen) Reformbewegungen seiner Zeit einordnen, da diese auf seiner jüdischen Bildung, seinem jüdischen Religions- und Weltverständnis und seinen jüdischen Werten basierte.

Vom christlichen Blickwinkel aus betrachtet stellt die Lehre Jesu allerdings durch ihre Ausrichtung auf den Menschen und seine persönliche Beziehung zu Gott und die Menschlichkeit gegenüber allen Mitmenschen eine derart grundsätzliche Veränderung des Judentums dar, dass es sich de facto nicht mehr um das Judentum, sondern um etwas Neues, Eigenständiges handelte. Tatsächlich bot die von Jesus gepredigte tiefe innere Religiosität, das mehr auf Glauben und weniger auf Riten ausgerichtete Sein vielen Menschen Hoffnung, Lebenssinn und geistig-religiöse Erfüllung.

Aus dieser Sicht unterscheidet sich Jesus von allen anderen apokalyptischen Propheten und von dem herkömmlichen religiösen Verständnis der Juden. Zudem wies er seiner Person durch die scheinbare Souveränität seines Auftretens gegenüber Gesetz und Tempel und seiner Bereitschaft zum Tod über den Tod hinaus eine derart unverzichtbare Rolle zu, das eine Abspaltung vom Judentum in ideologischer und sozialer Hinsicht sowie die Ausformung einer eigenständigen Religion - die in seiner Person und Lehre bereits angelegt war - die Folge war.

Allerdings hatte Jesus nie die Absicht verfolgt, eine neue Religion zu begründen, eine systematische Heidenmission zu betreiben oder eine universale Kirche ins Leben zu rufen. Vielmehr verstand er sich als innerjüdischer **Reformer**, der die direkte Beziehung zwischen Gott und den Menschen ohne Zwischeninstanz wiederherstellen wollte. Dies beinhaltete, dass das Judentum - in Erwartung der Vollendung des Gottesreiches - von überwiegend formalen Riten befreit und auf seine ethischen, auf der tiefen Überzeugung des Gläubigen beruhenden wahren Botschaften zurückgeführt werden musste. Für Jesus war am Ende der Geschichte das Reich Gottes zugleich gegenwärtig, d.h. mit ihm angebrochen, und zukünftig, da die Vollendung bzw. der Abschluss der Gottesherrschaft noch ausstand. Die Menschen forderte er auf, die von Gott gegebene verbleibende Zeit für ein hingebungsvolles Leben gegenüber dem Vater Gott und den Mitmenschen zu nutzen.

Zusammenfassend lassen sich Glaube und Lehre Jesu wie folgt charakterisieren:

1. Die **apokalyptische, frohe Botschaft**: Das Reich Gottes auf Erden ist bereits angebrochen und seine Vollendung steht unmittelbar bevor. Das Ende der Welt ist im Unterschied zu den überkommenen Prophezeiungen ein froher, hoffnungsvoller Abschluss der Geschichte. Jesus fordert seine Mitmenschen auf, dieses Faktum zu erkennen und sich dem Guten zuzuwenden; er steigert damit den Gottesgedanken und seine Botschaft auf radikale Weise.

2. Die **ethische Heils- und Liebesbotschaft**: Das gesamte menschliche Sein und Wirken soll vom Grunde des Herzens, also aus tiefer Überzeugung und nicht durch das Einhalten formeller Riten, auf die Liebe Gottes, der Nächsten und auch der Feinde ausgerichtet wer-

den. Dies ist für Jesus die eigentliche Botschaft und der Wille Gottes, durch die er seine reformierte Auslegung zum Ausdruck bringen will.

3. Der **Glaube als religiöse und individuelle Kraft**: Der Glaube aus tiefstem Herzen und tiefster Überzeugung ermöglicht den Eintritt und das Erkennen des angebrochenen und sich vollendenden Gottesreiches. Wie der Glaube Berge versetzen kann, so hat Jesus durch diese Suggestion gewirkt. In theologischer Hinsicht erlangte er erst durch den Glauben volle Bedeutung. Die auf eine innere Religiosität und einen Hoffnung spendenden Glauben ausgerichtete Lehre Jesu konnte so das nicht zuletzt durch die rituelle Erstarrung vieler Kulte bestehende Bedürfnis der Menschen in der Antike erfüllen. Bis heute hat sich daran nichts geändert.

Prozess und Tod Jesu

Über den Prozess und Tod Jesu ist in den letzten Jahren viel geschrieben und noch mehr spekuliert worden. Die Quellen begünstigen diese Entwicklung. Für den Aufenthalt Jesu in Jerusalem ist die Quellenlage zwar deutlich besser als bei allen anderen Abschnitten seines Lebens, letztlich handelt es sich aber auch hier um nur wenige, bruchstückhafte christliche Quellen, vor allem den stark durch den Glauben beeinflussten Passionsbericht. Außerdem gibt es keine nicht-christlichen Quellen, die über die Ereignisse des Jahres 30 zur Zeit des Passafestes in Jerusalem berichten. Daher bleibt vieles, wenn nicht alles, eine Frage der Deutung und Gewichtung der Evangelien und ihrer Plausibilität.

Im Wesentlichen stellen sich drei Fragen:

1. Warum ging Jesus nach Jerusalem?
2. Was tat Jesus in Jerusalem?
3. Warum wurde Jesus hingerichtet?

Ad 1. Warum ging Jesus nach Jerusalem?

Bevor Jesus nach Jerusalem zog, predigte und lehrte er auf dem Land in **Galiläa**. Wie groß seine Anhängerschaft gewesen ist, lässt sich nicht mehr rekonstruieren. Vermutlich handelte es sich um eine eher kleine, begrenzte Bewegung, deren Resonanz beschränkt blieb. Anders als bei Johannes dem Täufer ist nämlich von einem überregionalen Einfluss oder einer weit reichenden Wirkung und Bekanntheit Jesu in den Quellen nichts verzeichnet. Allerdings muss Herodes Antipas und den führenden jüdischen Gruppierungen bekannt gewesen sein, dass sich Jesus als besonderer Schüler im Umfeld des überregional bekannten Täufers Johannes aufgehalten hat. So ist von Herodes Antipas bekannt, dass er Jesus beobachten ließ.[63] Ob er allerdings am Jesus-Prozess mitwirkte, lässt sich nicht mehr rekonstruieren. Zudem haben die Pharisäer und Sadduzäer wohl wahrgenommen, dass Jesus Lehre und Predigt im Konflikt zu ihren eigenen religiösen Vorstellungen stand, denn während die Sadduzäer beispielsweise jede Form eschatologischer Vorstellungen ablehnten, achteten die Pharisäer auf die exakte Befolgung der kultischen Reinheitsvorschriften. Dadurch dass Jesu nicht nur die bestehende Form der Religionsausübung und des religiösen Weltbildes kritisierte oder umdeutete, sondern offen mit Zöllnern und Sündern verkehrte, musste er als Anführer einer Gruppierung gesehen werden, die gegen die Gesetze und die bestehende Ordnung verstieß.

Wichtig ist, dass vermutlich ein Zusammenhang zwischen den Ereignissen auf dem Land und dem öffentlichen Wirken Jesu in Jerusalem bestanden hat, da dies seine Verhaftung und Verurteilung erst plausibel macht.

Vermutlich zog Jesus im **Jahr 30 zum Passafest nach Jerusalem**, um dort die Gelegenheit zu nutzen **vor einer großen Menschenmenge zu predigen**, die aus Anlass eben dieses Passafestes nach Jerusalem strömte. Das Passafest wurde in Erinnerung an den Auszug der israelitischen Stämme unter Moses aus Ägypten als eine Art Unabhängigkeitsfest gefeiert und stellte zum einen den religiösen Höhepunkt des Jahres dar und war zum anderen eng mit der Hoffnung auf eine Erneuerung des davidischen Königreiches verbunden. Neben den etwa 30.000 Einwohnern Jerusalems hielten sich zu der Zeit etwa 150.000 Pilger in der Stadt auf. Aus diesem Grund verstärkten die Römer in dieser angespannten Lage ihre Truppen mit zusätzlichen Kontingenten als Vorsorge gegen Aufstände, um so für Ruhe und Ordnung sorgen zu können.

Wahrscheinlich traf Jesus bereits eine Woche vor dem eigentlichen Fest, das im Jahr 30 - wie geschildert - an einem Samstag begann, in Jerusalem ein, um die Reinheitsriten zu erfüllen. Die Bevölkerung scheint nicht auf ihn aufmerksam geworden zu sein, zumindest sind größere Menschenaufläufe nicht überliefert. Für diese Annahme spricht auch, dass Judas den Aufenthaltsort Jesu unmittelbar vor dessen Verhaftung an die Behörden verriet.

Ad 2. Was tat Jesus in Jerusalem?

Jesus erster von der Öffentlichkeit wahrgenommener Auftritt in Jerusalem ist sein Vorgehen gegen die Geldwechsler und Taubenhändler im **Tempel** und seine dort vehement vorgetragene Kritik am Tempel, die Johannes 2,15ff. wie folgt schildert:

"Und er machte eine Geißel aus Stricken und trieb sie alle zum Tempel hinaus samt den Schafen und Ochsen und verschüttete den Wechslern das Geld und stieß die Tische um ... Jesus antwortete und sprach zu ihnen [den Juden]: Brechet diesen Tempel ab, und in drei Tagen will ich ihn aufrichten."

Mit diesem Vorgehen und der ihm wohl später in den Mund gelegten Weissagung, dass der Tempel untergehen würde, provozierte er die jüdische Tempelaristokratie, die Händler, aber auch Teile der Bevölkerung, denn sie alle waren wirtschaftlich vom Tempel abhängig. Dabei ist zu bedenken, dass Jerusalem und der Tempel das religiöse Zentrum der Juden Palästinas und der Diaspora darstellte, so dass besonders die im Synhedrion vertretenen Parteiungen der Sadduzäer und Pharisäer Jesus Kritik als einen Angriff auf das Zentrum des Glaubens und als eine Art "Selbstausschluss"[64] vom jüdischen Kult verstehen mussten. Selbst seine Jünger müssen verunsichert gewesen sein, da Jesus bis zu diesem Tag weder gewalttätig geworden war noch auf eine derart extreme Weise an den Grundfesten der jüdischen Religion Kritik geübt hatte.

Eine Forschungsposition knüpft an diesen scheinbaren Widerspruch an und bezweifelt die Historizität des Tempelprotests Jesu;[65] es soll sich bei der Darstellung in den Evangelien vielmehr um eine Erfindung des frühen Christentums handeln. Dies ist insofern plausibel als die Abfassungszeit der Evangelien mit der Trennung des frühen Christentums vom Judentum einherging und die Evangelisten zur Abgrenzung vom Judentum dazu tendierten, Kritik am Judentum zu äußern und die Geschichte Jesu unter einer solchen Prämisse zu schreiben. In dieser Hinsicht bot sich die Jesus wohl in den Mund gelegte Tempelprophetie an, da die tatsächliche Zerstörung des Tempels im Jahr 70, d.h. nur kurze Zeit vor der Abfassung der Evangelien, seine Prophezeiung wahr werden ließ. Grundsätzlich stellte die Erwartung von einer Tempelzerstörung im Judentum nichts Neues dar und kann demzufolge auch kein Anlass für eine Beseitigung Jesu durch die führenden jüdischen Gruppierungen in Jerusalem gewesen sein. Auch in den Evangelien ist keine Reaktion auf Jesus Tempelauftritt verzeichnet, ebenso fehlt eine Verbindung zwischen Tempelkritik, Verhaftung und Verurteilung Jesu. Zudem erscheint es unwahrscheinlich, dass sich die Urgemeinde angesichts einer von Jesus angekündigten Tempelzerstörung durch Gott ausgerechnet in Jerusalem konstituiert hätte; sie hätte sich wohl eher in Galiläa formiert. Sollte der Tempelprotest stattgefunden haben, kann es sich nicht um einen spektakulären Auftritt vor einer großem Menschenmenge gehandelt haben, sondern nur um eine symbolische Einzeltat Jesu. Anderenfalls hätten die Römer zur Wahrung von Ruhe und Ordnung in der überfüllten Stadt sofort eingegriffen und Jesus an Ort und Stelle verhaftet.

Zwischenfazit: Angesichts der vorgetragenen Argumente stellt sich die Frage, warum die jüdische Lokalaristokratie (die führenden Mitglieder der lokalen Parteiungen der Pharisäer und Sadduzäer) überhaupt und warum sie so spät eingegriffen hat. Eine mögliche Antwort lautet, dass Jesus nicht der bedeutende Charismatiker mit einer großen Zuschauerschar war, wie die Evangelien glauben machen wollen, aber wiederum auch kein völlig unbedeutender und unbeachtet gebliebener Wanderprediger. Er muss seit seinem öffentlichen Wirken in Galiläa gerade soviel Aufsehen erregt und schließlich in Jerusalem die Interessen der führenden jüdischen Gruppierungen und der Händler im Tempel gefährdet haben, dass ein sofortiges Eingreifen zwar nicht geboten war, seine Ausschaltung aber durch eine Vielzahl von Feinden, die er sich geschaffen hatte, betrieben wurde. Die politisch empfindliche Zeit des Passafestes bot eine günstige Gelegenheit, ihn zu beseitigen. Sein Auftreten musste den führenden jüdischen Parteiungen nicht nur als ein Angriff auf die religiösen, sondern auch auf die politischen Fundamente des Volkes erscheinen. Das lag daran, dass eine Störung der öffentlichen Ruhe und Ordnung zwangsläufig das Eingreifen der Römer zur Folge gehabt hätte. Dieses Eingreifen hätte eine Beeinträchtigung der Machtausübung der herrschenden Machteliten und ihrer Strukturen bedeuten können. Möglicherweise einigten sich die Mitglieder des Synhedrions in diesem Sinne zuerst auf eine Verhaftung und Verurteilung Jesu und spürten ihn erst dann auf.

Offen bleibt, ob Jesus absichtsvoll den Konflikt mit den religiösen Gruppierungen gesucht und damit sein Leben gefährdet hat oder ob er sich bei der Verkündigung seiner Botschaft so sehr in die nahe Erwartung des Gottesreiches hineingesteigert hat, dass er eine solche Auseinandersetzung nicht bewusst wahrnahm oder die sozial-politische Brisanz seiner Botschaft ignorierte.

In der Nacht zum Gründonnerstag nahm Jesus im Kreise seiner Jünger ein **Abendmahl im Garten Gethsemane** zu sich, wie dies in der Vorbereitung auf das eigentliche Passafest üblich war. Wenn sich auch der Ablauf und der Sinn des letzten Mahles nicht mehr rekonstruieren lässt, so haben die Christen dennoch dieses Mahl als neues Ritual gedeutet, das den Opferkult im Tempel ersetzen sollte, indem Jesus im Rahmen eines einfachen Essens den Leib eines Opfertieres durch Brot ersetzte. Hinzu kam ein Kelch mit Wein aus dem alle Abendmahlteilnehmer tranken und der so zum Symbol eines neuen Bundes - losgelöst vom Tempelkult - wurde. Die neuen Riten können als vorläufiger Höhepunkt der Kritik Jesu am Tempel gesehen werden, denn mit dem Abendmahl ging Jesus über seine mündlich geäußerte Kritik hinaus und grenzte mit den neuen, identitätsstiftenden Symbolen seine jüdisch-apokalyptische Sekte als eigenständige Parteiung von den bestehenden jüdischen Gruppierungen ab. Da eigenständige Riten bis heute die zentralen Merkmale für eine Spaltung von Organisationen im weitesten Sinne darstellen, ist mit dem letzten Abendmahl die Keimzelle für die Entstehung einer vom Judentum eigenständigen Bewegung entstanden. Vermutlich war dies ein ungewollt ins Leben gerufener Prozess, denn Jesus beabsichtigte möglicherweise mit dem Abendmahl den Tempelkult zu ersetzen, aber angesichts der nahen Gottesherrschaft sicherlich nicht, einen bis ans Ende der Zeit gültigen Kult oder eine neue Religion zu begründen. Erst die nachösterlichen Deutungen der frühen Christen erklärten die Kreuzigung Jesu zu einem Blutopfer für den beim Abendmahl vollzogenen neuen Bund und verbanden auf diese Weise den ursprünglich opferlosen Kult mit einem Menschenopfer. Erst durch diese Verbindung des Todes Jesu mit dem Abendmahl gewann das Abendmahl seine bis heute gültige Bedeutung als christliches Sakrament.

Nach dem Gemeinschaftsmahl erfolgte Jesus **Verhaftung** durch die jüdischen Behörden. Ob Jesus nach seinem Tempelauftritt und seinen Symbolhandlungen beim Abendmahl mit seinem möglichen Tod gerechnet hat, lässt sich heute nicht mehr nachvollziehen. Vieles hängt davon ab, ob sich die in den Evangelien geschilderten Ereignisse tatsächlich so abgespielt haben. Zu berücksichtigen ist ferner die Bedeutung, die Jesus seinem Tod beigemessen hat: Glaubte Jesus an die unmittelbar bevorstehende Gottesherrschaft oder hatte er seinen Tod bewusst als notwendiges Opfer für die Glaubenden (Sühnewirkung) und als letzte Erfüllung seines Wirkens gesehen? Anders gefragt: glaubte Jesus, dass sein Tod seine Botschaft in Frage stellen würde oder sah er seinen Tod losgelöst von der endgültigen Etablierung der Gottesherrschaft? Diese Fragen bleiben in der Forschung offen, wenn auch eine Todesahnung Jesu, nicht aber eine Todesgewissheit angenommen werden kann.

Die **Verhaftung und das Verhör Jesu** durch die jüdischen Behörden und die Verurteilung Jesu durch Pontius Pilatus erfolgte innerhalb von wenigen Stunden. Über die Rekonstruktion dieser Ereignisse bestehen sowohl in den Quellen als auch in der Forschung Widersprüche. Es kann davon ausgegangen werden, dass Jesus auf Veranlassung des Hohepriesters Kajafas von den jüdischen Behörden nach dem Abendmahl verhaftet und inhaftiert wurde. Noch in derselben Nacht verhörte man ihn vermutlich vor dem Synhedrion unter Ausschluss der Öffentlichkeit im Palast des Hohepriesters. Anschließend wurde er aufgrund eines vermutlich vor seiner Verhaftung von den Mitgliedern des Synhedrions abgesprochenen, konsensfähigen Anklagegrundes an die römischen Behörden überstellt. Es muss sich bei diesem Grund um eine politisch begründete Anklage im Rahmen der Kapitalgerichtsbarkeit gehandelt haben, da der römische Staat nur bei einer Störung der öffentlichen Ruhe und Ordnung und der Verletzung geltender Moralvorstellungen eingriff. Die Kapitalgerichtsbarkeit - das *ius gladii* - hatten sich die Römer in jeder Provinz, so auch in Judäa vorbehalten. In religiöse Streitigkeiten mischte sich das polytheistische Rom dagegen in der Regel nicht ein.

Geht man also von der Absicht der jüdischen Lokalaristokratie Jesus zu beseitigen aus, dann muss sie die Römer zum Eingreifen in den "Fall Jesus" durch eine politisch begründete Anklage veranlasst haben.

Der öffentlich abgehaltene **römische Prozess**, für den die jüdische Gerichtsbarkeit wahrscheinlich vorbereitend und als Ankläger tätig geworden war, fand wohl wie üblich am frühen Morgen nach Tagesanbruch statt. Der Ort des Prozesses ist aller Wahrscheinlichkeit nach der Palast des Herodes gewesen; die unwahrscheinlichere Alternative ist die Tempelburg Antonia im Nordwesten des Tempelareals. Das Todesurteil muss nach ungewöhnlich kurzer Zeit gefällt worden sein, denn Jesus wurde bereits zur Mittagszeit **gekreuzigt**. Seine Jünger, von denen nicht ein einziger verhaftet wurde, hatten Jesus im Stich gelassen und flüchteten nach Galiläa. Sie waren weder bei seinem Prozess noch bei seinem Kreuzgang oder seiner Kreuzigung in seiner Nähe.

Ad. 3. Warum wurde Jesus hingerichtet?

Über die **Gründe für die Verhaftung und Verurteilung Jesu** gehen die Ansichten auseinander, eine einhellige Meinung hat sich bisher nicht herausgebildet. Die Verantwortung für die Verurteilung und Hinrichtung Jesu haben zweifelsohne die Römer getragen. Die eindeutigen Rechtsverhältnisse und die Art der Hinrichtung - die in Palästina bereits vor dem Tod Jesu häufig angewandte besonders grausame und entehrende Kreuzigung war Schwerverbrechern und Aufrührern ohne römisches Bürgerrecht vorbehalten - lassen diesbezüglich keine Zweifel zu.

Das **Interesse der Römer** an einem Prozess gegen Jesus kann nur einen machtpolitischen Hintergrund gehabt haben, und zwar jedwede Auflehnung gegen die römische Besatzungsherrschaft und die Störung der öffentlichen Ruhe und Ordnung im Keim zu ersticken. Der vermutlich authentische Kreuzestitel "König der Juden" versinnbildlicht aus römischer Sicht den Anspruch des Verurteilten, sich als König eines von Rom unabhängigen (Gottes-) Reiches über die römische Herrschaft in Palästina im Allgemeinen und in der römischen Provinz Judäa im Besonderen hinwegzusetzen. Dieser Titel, den Jesus sich nicht selbst gegeben hat, da er vermutlich irdische Titel ablehnte, ist möglicherweise der Kompromiss, den das Synhedrion für eine politische Anklage Jesu bei den Römern für seine Beseitigung gefunden hat. Der Titel selbst ist im Wortlaut ein Heidentitel; aus jüdischem Mund hätte er "König Israels" geheißen. Außergewöhnlich war ein solcher Königstitel zu dieser Zeit nicht, denn unter galiläischen Räuberbanden und Aufständischen war es üblich, den Anführer zum König auszurufen. So verbanden sich aus römischer Sicht unter dem Titel "König der Juden" die öffentliche Aufruhr, die Störung der Ordnung und das Königtum zu einem eindeutigen Straftatbestand - der *seditio*. In Bezug auf Jesus bedeutete die *seditio* die Anklage der politischen Aufruhr und Rebellion, da Jesus aus römischer Sicht durch seine Verkündung der Alleinherrschaft Gottes eine römische Herrschaft neben Gott nicht dulden konnte und sich damit nicht ausdrücklich, aber für die Römer zweifelsfrei, gegen die römischen Herrschaftsansprüche auflehnte. Die in breiten Schichten des Volkes latente Erwartung eines Messias, der Palästina von der Herrschaft der Römer befreien würde, verstärkte sich in der Zeit des Passafestes und kann bei den Römern als Katalysator einer Verurteilung Jesu gewirkt haben. Erstaunlich ist, dass Jesus allein, aber keiner seiner Jünger mit ihm verhaftet wurde - wie dies sonst bei Aufständischen üblich ist. Es liegt auch aus diesem Grund nahe, dass hinter der römischen Anklage ein Konglomerat jüdischer Motive gestanden hat, zumal die Anklage im Prozess von privater Seite aus durch den Hohepriester oder einen seiner Vertreter erfolgte.

Das Interesse der führenden jüdischen Gruppierungen in Jerusalem, vor allem der Mitglieder des Synhedrions - der sadduzäischen Tempelaristokratie und der pharisäischen Mittelschicht - an einer Verhaftung und Verurteilung Jesu kann religiöse, sozial- und machtpolitische Gründe gehabt haben. Das bedeutet, dass Jesus als Provokation oder als Sicherheitsrisiko aufgefasst worden sein kann. Beispielhaft illustriert der Verrat des Judas das Interesse der jüdischen Lokalaristokratie, Jesus Aufenthaltsort ausfindig zu machen und ihn zu verhaften. Zudem zeigt der Verrat, dass Jesus nicht so bekannt war, als dass er jederzeit auffindbar war.

Weissagungen gegen den Tempel wurden bereits im Alten Testament[66] mit der Todesstrafe bedroht. Die Quellenlage zeigt aber, dass die meisten Tempelpropheten nicht hingerichtet wurden. Insofern wird Jesus Tempelprophetie eher den Zorn und die Feindschaft der Tempelaristokratie auf sich gezogen haben als konkreter Anlass für seine Beseitigung durch ein Todesurteil gewesen zu sein. Als Gotteslästerer und als Gefährdung der jüdischen Theokratie kann er so den Mitgliedern des Synhedrions ein Dorn im Auge gewesen sein.

Auch der Anspruch ein Messias zu sein, war nach jüdischem Rechtsverständnis kein strafwürdiges Vergehen. Dennoch barg dieser Anspruch jenseits der religiösen Sphäre eine politische Brisanz und konnte sich für eine römische Verurteilung als nützlich erweisen. Dass Jesus die Königsherrschaft Gottes verkündete, er letztlich aber wegen eines politischen (weltlichen) Anspruchs auf die Königskrone und die Herrschaft über Palästina angeklagt und hingerichtet wurde, kann als eines der größten (absichtlichen?) Missverständnisse in der Geschichte der Weltreligionen betrachtet werden. Festzuhalten bleibt, dass die religiöse Botschaft Jesu - besonders durch seine Kritik an der Tora und der strikten Einhaltung der kultischen Gesetze sowie seine mögliche Tempelprophetie - den Interessen der führenden religiösen Gruppierungen Jerusalems zuwiderlief oder sogar als fundamentaler Angriff auf das Zentrum des Judentums gewertet wurde.

Daneben kann Jesus auch aus pragmatischen Gründen als Risikofaktor gegolten haben, weil eine durch ihn verursachte Volksaufruhr als Störung der öffentlichen Ruhe und Ordnung ein gewaltsames Eingreifen der Römer nach sich gezogen hätte. Für die mit den Römern loyal zusammenarbeitende Lokalaristokratie hätte dies einen Verlust

ihrer Privilegien und damit ihrer Machtposition zur Folge haben können, vor allem wenn die Römer in der angespannten Lage aus Syrien
Verstärkungen hätten heranführen müssen. Die Angst vor etwaigen
blutigen Auseinandersetzungen zwischen Juden und Römern, ausgelöst durch messianische Predigten und Volksaufrührer in der Zeit vor
Jesus, könnte die Lokalaristokratie zu der Entscheidung bewegt haben, lieber einen Menschen zu opfern als sich und ein ganzes Volk zu
gefährden. Vor diesem Hintergrund muss Jesus Wirken auf dem
Land und seine Begegnung mit Johannes dem Täufer der Lokalaristokratie als besonders belastend in Erinnerung geblieben sein. Allerdings erklärt dies nicht, warum Jesus nicht durch eine Verhaftung
"aus dem Verkehr gezogen wurde". Für seine Ausschaltung blieb den
toratreuen Juden durchaus eine Wahl der Mittel.

Im **Prozess** führte der Statthalter **Pontius Pilatus** das Verhör und
soll Jesus gefragt haben: "Bist du der König der Juden?" und Jesus
antwortete ihm: "Du sagst es."[67] Auf alle weiteren Fragen soll Jesus
geschwiegen haben. Daraufhin verurteilte Pilatus Jesus als politischen
Revolutionär, der den Anspruch erhob, König der Juden zu sein und
im ganzen Land Aufruhr schüre, zum Tod am Kreuz. Ob der Prozess tatsächlich so verlaufen ist und der in den Evangelien charismatisch wirkende Jesus wirklich so ruhig und ohne Aufsehen seiner
Verurteilung entgegensah, so dass ihm die Evangelisten diese treffli-
chen "Abschiedsworte" in den Mund legen konnten, sei dahingestellt.
Ähnlich verhält es sich mit der Erwähnung einer großen (jüdischen)
Volksmenge, die Jesus Tod gefordert haben soll.
Die **Kreuzigung** erfolgte nur kurze Zeit nach der Urteilsverkündung
am "Karfreitag". Jesus starb nach ungewöhnlich kurzer Zeit, was Anlass zu weitgehenden Spekulationen gegeben hat,[68] zumal sein Tod in
den Evangelien kaum geschildert wird. Noch vor Sonnenuntergang
wurde Jesus in Golgatha begraben. Für die Anhänger Jesu schien der
schmachvolle Kreuzestod das Ende aller Hoffnungen zu sein, denn
er hatte alle seine Heilszusagen an seine Person geknüpft. Auch für
viele andere Juden mag der Tod des "Messias" eine Enttäuschung
gewesen sein, da sie von ihm eine Befreiung von der lastenden Römerherrschaft erhofft hatten.
So scheint das Leben Jesu historisch gesehen mit einem Fehlschlag
geendet zu haben: Das Gottesreich blieb zu seinen Lebzeiten aus,
Gott griff nicht ein und verhinderte nicht seinen Tod. Seine Jünger
und seine Familie hatten ihn verlassen, seine Mitmenschen und die
jüdische Bevölkerung konnte er von seiner Lehre nicht nachhaltig

überzeugen. Die Erwartung vieler Menschen endlich von der Römerherrschaft befreit zu werden wurde enttäuscht. Die Parusieverzögerung nach seinem Tod führte schließlich zu der Trennung der frühen Christen vom Judentum. Zumindest Teile seiner Lehre wurden aufgrund theologischer und politischer Intentionen bei der Abfassung der Evangelien und dem Aufbau einer hierarchischen Kirchenorganisation verändert.

Dennoch wurde Jesus nur deshalb nicht vergessen, weil er nach Jerusalem ging, dort starb und auferstand. So paradox es angesichts der eben geschilderten Argumente auch erscheinen mag, bot erst der Tod Jesu durch seine mythenbegründenden Aspekte und den entstehenden Interpretationsfreiraum die Möglichkeit, eine neue Religion zu entwickeln. Erst durch sein Leben und Sterben erlangte Jesus universalhistorische Bedeutung und wurde zu einem der vier "maßgebenden Menschen" (Karl Jaspers) der Weltgeschichte.

Wie bereits angedeutet, entlasteten die **Evangelien** die Römer von ihrer Verantwortung für den Tod Jesu und machten stattdessen die Juden zu den Hauptverantwortlichen. Dies ist insofern tragisch, als sich aus der Kreuzigung des Juden Jesus von Nazareth ein jahrhundertelanger Antisemitismus entwickelte, obwohl die bisherigen Ausführungen deutlich gemacht haben, dass die Entscheidung und Verantwortung der Hinrichtung Jesu bei Pontius Pilatus gelegen hat und lediglich die jüdische Lokalaristokratie bzw. das Synhedrion und nicht alle Juden auf die Ausschaltung Jesu hingewirkt haben. Allerdings wäre Jesus ohne Eingreifen des Synhedrions vermutlich nicht zum Tod verurteilt und gekreuzigt worden. Die römischen und jüdischen Autoritäten, namentlich Pontius Pilatus und sein Gegenüber der Hohepriester Kajafas, haben dabei wie in anderen Angelegenheiten zuvor eng zusammengearbeitet.

Die verantwortlichen Juden und Römer haben letztlich aus den Zwängen der Zeit gehandelt: Die Juden, weil Jesus in ihren Augen ein gefährlicher Andersdenkender war und von den herkömmlichen religiösen Vorstellungen abwich, und Pilatus, weil er in Übereinstimmung mit dem römischen Recht durch sein Urteil Ruhe und Ordnung in Jerusalem zu gewährleisten glaubte. Die von dem historischen Kontext abweichenden Darstellungen des Lebens und Sterbens Jesu in den Evangelien ist wesentlich durch ihre Entstehungszeit zu erklären. Zu dieser Zeit vollzog sich nämlich die Trennung der frühen Christen vom Judentum und diese Trennung sollte in den programmatischen Schriften des entstehenden unabhängigen Christentums deutlich werden. Zudem mussten sich die Christen in das Römische Reich integrieren, weil sie sich nur im Rahmen dessen entwickeln und fortbestehen konnten. So erklärt sich ihre romfreundliche Haltung.

Historisch und psychologisch weder beweisbar noch widerlegbar sind eine Reihe von **Auferstehungsvisionen** Jesu, die mehre Frauen und Männer kurz nach dessen Tod in Jerusalem und Galiläa erfuhren. Diese Visionen gehen weniger von seiner Wiederbelebung aus, als vielmehr von seiner Erhöhung zum ersten Glied der neuen Gotteswelt, die damit begonnen zu haben schien. Die Auferstehung Jesu und ihre Interpretation bewirkte, dass sich seine Familie und seine Jünger ihm wieder zuwandten und sie in ihm den Herrn, Heiland und Hoffnungsträger der nahen Gottesherrschaft auf Erden erkannten.
Im Nachhinein wurde so auch die grausame Kreuzigung anders interpretiert. Sie wurde zum Höhepunkt des Wirkens Jesu stilisiert und vollendete seine Tätigkeit: Jesus war in tiefem Gottesglauben konsequent seinen Weg zu Ende gegangen und soll seinen Tod als von Gott gewollt und als Sühnezeichen beim Abendmahl angekündigt haben. Insofern liegt in der Verbindung von Kreuzigung und Auferstehung ein Anfang des Christentums - in theologischer Hinsicht der Anfang der christlichen Religion - und der Ursprung der Christologie. Erst durch sie wurde das Christentum geschichtswirksam und die zeitlose Botschaft Jesu von der bedingungslosen Nächstenliebe überliefert.

2.2.3 Die Urgemeinde

Entstehung

Der Tod Jesu bedeutete für seine Gegner das Scheitern eines falschen Propheten, seine Anhänger hingegen sahen darin den Beginn einer neuen Weltzeit. Nachdem die Anhänger Jesu zunächst durch seinen Tod desillusioniert, verzweifelt und hoffnungslos das Weite gesucht hatten und damit die Sammlungsbewegung Jesu ein Ende gefunden zu haben schien, änderte sich ihre Lage durch die Erfahrung der Auferstehung entscheidend. Die Anhänger Jesu begriffen durch dessen Auferstehung seine Sendung neu und erkannten ihn als den verheißenen Messias, der die unmittelbar bevorstehende Gottesherrschaft auf Erden einleitete. In ihren Augen hatte Gott seine Verheißung wahr werden lassen: Israel war das auserwählte Volk und in

Palästina hatte Gott sein Königtum errichtet. Die Auferweckung Jesu durch Gott hatte den Jüngern gezeigt, dass Jesus als "Wort Gottes" bzw. als Gott von Gott nach Palästina gesandt worden war und sein Leben, Wirken, Sterben und Auferstehen eine Einheit mit dem Anbruch der Gottesherrschaft bildete.

Durch die Auferstehungsvisionen mit dem Wissen um die Messianität Jesu beglückt, kehrten die Jünger Jesu nach Jerusalem zurück, um dort die baldige Wiederkunft ihres Herrn und die endgültige Etablierung der Gottesherrschaft zu erwarten. Die sich dort bildende Urgemeinde begriff ihre eigene Existenz lediglich als Übergangszeit in Erwartung des Weltendes; demzufolge waren die Jünger nicht an schriftlichen Überlieferungen interessiert, so dass die Quellenlage für die historische Rekonstruktion ihres Wirkens eher dürftig ist. Zudem entzieht sich das theologische Phänomen der Auferstehung einer historischen Analyse.

Aus diesem Verständnis heraus resultierte die strenge, konstitutive Orientierung der Urgemeinde an Jesus, den sie als Heilsmittler der göttlichen Offenbarung erkannten. In ihrem Glauben bewegten sich die Mitglieder der Urgemeinde anfänglich noch ganz im Rahmen der jüdischen Tradition, traten aus dieser aber allmählich durch die Ausgestaltung ihres Glaubens an Jesus als den Messias heraus und beschritten dadurch einen neuen, sich allmählich vom Judentum entfernenden, eigenständigen Weg. Bereits die Bildung der Urgemeinde in Jerusalem stand so in der Kontinuität des Lebens und Wirkens Jesu. Die Jünger lebten und predigten einen Neuanfang, der all seine Kraft, Ideen und Impulse von Jesus ableitete.

Die Entstehung und Entwicklung der Urgemeinde trug durch ihre Pluralität und Abgrenzung vom Judentum bereits den Keim der Kirchengeschichte in sich. Bis heute kann daher der Urgemeinde ein prägender Einfluss zugemessen werden, zumal sie auch für das moderne Christentum und die Kirche als Bezugs- und Orientierungspunkt gilt.

Organisation

Die Urgemeinde setzte sich vorwiegend aus jüdischen Männern und Frauen der unteren Schichten zusammen. Sie waren Jesus als Jünger oder Anhänger vom Land und den Kleinstädten Galiläas nach Jerusalem gefolgt oder auf dem Land sesshaft geblieben. Wie Jesus waren es vor allem aramäisch sprechende Bauern, Fischer, Handwerker und aus der Gesellschaft ausgestoßene Menschen, denn Jesus hatte sich mit seiner Lehre und seinem Wirken überwiegend an einfache Menschen gewandt. Seine Botschaft der Nächstenliebe und Anspruchslosigkeit wird besonders Armen und Bedürftigen neue Hoffnung gegeben haben. Das bedeutet allerdings nicht, dass die Urgemeinde völlig besitzlos oder wie die Gemeinde von Qumran durch Gemeineigentum gekennzeichnet war. Vielmehr ist die Urgemeinde als eine **solidarische Gemeinschaft** von gleichen, freien und geschwisterlich - im Sinne von brüderlich - lebenden Männern und Frauen zu verstehen. Anders als die herkömmlichen patriarchalischen Strukturen waren die Frauen den Männern weitgehend gleichgestellt. Das lag daran, dass nach Jesus Vorstellung Gott ein Königreich auf Erden errichten würde, das niemanden ausschloss, weder Frauen noch gesellschaftlich Marginalisierte. Vielmehr bezog Gott durch seine unmittelbare Beziehung zu jedem einzelnen Menschen einen jeden in sein Reich ein.

Neben der "Gleichstellung" von Mann und Frau zeichnete sich die Urgemeinde durch demokratische Strukturen aus. Statt Herrschaftsverhältnisse in Form von Ämtern gab es in der Jerusalemer Urgemeinde **Dienste** (*diakonia*), die das Wohl der gesamten Gemeinschaft fördern sollten. Die 12 Apostel besaßen allerdings innerhalb dieser Gemeinschaft gegenüber den Gläubigen durch priesterliche Befugnisse wie dem Leiten der kultischen Feiern oder dem Spenden der Taufe eine herausgehobene Bedeutung. Erst später - vermutlich in den 40er Jahren - entwickelten sich aus der Organisation der Gemeindeältesten, welche an Beschlüssen der Gemeinde teilhatten und Gehilfen der Apostel waren, die Presbyterverfassung mit einem Presbyter (Pfarrer) oder einem Kollegium an der Spitze heraus.

Die Jünger und Jüngerinnen führten vermutlich in der Anfangszeit der Urgemeinde in Anlehnung an Jesus ein Leben als apokalyptische Wanderprediger, während andere Jesusgläubige in den ländlichen Gebieten oder in Jerusalem sesshaft blieben und auf das nahe Gottesreich und die Wiederkunft Jesu warteten. Daher bildeten sich zunächst wahrscheinlich keine festen, hierarchischen Organisationsstrukturen aus und es wird auch keine geschlossene und zusammenhängende Gemeinde gegeben haben, sondern vielmehr unterschiedliche, provisorische Kreise von Jesusgläubigen. So existierten bereits zu Beginn zwei unterschiedliche Kreise, die wegweisend für die Entwicklung und Ausbreitung des Christentums gewesen sind:

Der **Kreis der Zwölf**, der im Kern aus den 12 Aposteln Jesu bestand, die die 12 Stämme Israels repräsentieren sollten. Unter Apostel sind dabei alle diejenigen Männer (und Frauen?) zu verstehen, die als

"Urzeugen und Urboten" (H. Küng) die Christusbotschaft verkündeten und Urgemeinden gründeten bzw. leiteten.

Neben dieser aramäisch-jüdischen Gemeinde existierte der **Kreis der Sieben**, der unter der Führung des Stephanus aus griechisch sprechenden hellenistischen Juden bestand. Beide Gemeinden waren anfangs auf Palästina beschränkt.

Das Zentrum der Urgemeinde war Jerusalem. Ihre drei Säulen waren die Apostel Petrus, Jakobus und Johannes. **Petrus**, der Fischer, galt als Sprecher der Jünger Jesu und sammelte nach dem Schlüsselereignis der Auferstehung vermutlich die Jünger in Jerusalem um sich. Als Primus inter pares leitete er die Urgemeinde mit Jakobus und Johannes bis zum Apostelkonzil um 48, d.h. er stand an der Spitze des Zwölferkreises. Als Vertreter einer vermittelnden Position im Konflikt der Mission von Juden und Heiden erkannte er die Heidenmission des Paulus an, führte aber selbst die Judenmission durch. Er übte Einfluss auf die Diaspora aus und wurde später zum Fels (Mt 16,17ff.), auf dem die Kirche gründet, stilisiert.

Der Herrenbruder **Jakobus**, der vermutlich der älteste der vier Brüder Jesu war und erst nach dem Osterereignis bekehrt wurde, leitete die Urgemeinde in den 40er Jahren und wurde nach dem Weggang des Petrus zu dessen Nachfolger. Zwar setzte er sich für die Gemeinschaft von Judenchristen und Heidenchristen[69] unter dem Dach einer Kirche ein, zugleich war er aber der Vertreter der toratreuen Judenchristen, der schließlich mit seinem Konzept der Verbindung von Judentum und Jesusglauben scheiterte.

Über **Johannes**, der zuweilen als Lieblingsjünger Jesu bezeichnet und als Autor des Johannes Evangeliums gehandelt wird, ist im Zusammenhang mit der Urgemeinde nicht viel mehr als seine führende Stellung bekannt.

Die griechische **Selbstbezeichnung** der Urgemeinde lautete *ekklesia*. *Ekklesia* bezeichnete in den griechischen demokratisch verfassten Poleis die Volksversammlung der Vollbürger und bedeutet in diesem Fall die Gräzisierung des jüdischen *kahal*, d.h. der eschatologischen Vollversammlung der von Gott Auserwählten oder Heiligen. Die Jünger Jesu, die sich selbst "Gemeinde Jesu Christi", "Auserwählte" oder "Heilige" nannten und von ihren jüdischen Gegnern als "Sekte der Nazarener" bezeichnet wurden, verstanden sich - wie bereits geschildert - als wahres, also von Gott auserwähltes Volk Israel und damit als die endzeitliche Gemeinde der jüdischen Verheißung.

Entsprechend dieser Vorstellung des Auserwähltseins und in der Erwartung des nahen Himmelsreiches, das mit Jesus Wirken in ihren Augen bereits angebrochen war, lebten die Jesusgläubigen nach den Regeln und Wertmaßstäben des künftigen Gottesreiches. Dennoch waren sie eingebunden in die jüdische Tradition und ihrem Selbstverständnis nach ein integraler, aber zugleich eigenständiger Teil des Judentums. Die nicht-jesusgläubigen Juden sahen in ihnen allerdings lediglich eine kleine innerjüdische Sammlungsbewegung radikaler, apokalyptischer Außenseiter am Rande der Gesellschaft. Besonders in den großen hellenistisch geprägten Städten und deren wohlhabenden jüdisch-konservativen Schichten wurde die mit enormer Energie in die Öffentlichkeit drängende Jesusbewegung mit Argwohn beobachtet.

Merkmale und Entwicklung

Die Eigenständigkeit und der Zusammenhalt der neuen Gemeinschaft manifestierte sich in zwei von der jüdischen Tradition abweichenden **symbolhaften Zeichen**: der **Taufe** auf den Namen Jesus Christus als Initiationsritus und die im Gedenken und Dank an Jesus überwiegend am Abend nach der Arbeit gemeinschaftlich gefeierten Herren- oder **Abendmahle** (Eucharistiefeiern). Auch wenn die Judenchristen ihren Gottesdienst außerhalb des Jerusalemer Tempels und der Synagogen feierten, so fühlten sie sich doch als Juden und waren daher nicht bestrebt, einen eigenen unabhängigen Kult zu stiften. Daher nahmen sie weiterhin am jüdischen Kult teil, und erst mit der vollständigen Trennung vom Judentum entwickelten sich allmählich eigene christliche Kultstätten heraus, die sich seit dem 3. Jahrhundert in Gestalt von Kirchenbauten etablierten.

Jesus und seinen Jüngern war ein mitmenschliches Verhalten wichtiger als kultische Reinheit, da ein Mensch ihrer Ansicht nach niemals durch rituelle Fehler unrein werden konnte. Aus diesem Verständnis heraus wurde die Trennung zwischen Reinheit und Unreinheit von Menschen, Tieren, Speisen oder Gewohnheiten im Christentum aufgehoben. Das Christentum konnte sich dadurch, anders als das Judentum, sehr bald über Palästina und die Diaspora hinaus ausbreiten.

Von Anfang an entwickelten die Judenchristen eine eigene Theologie, in deren Mittelpunkt die Christus-Verkündigung stand. Die Grundlage dafür war eine von den übrigen Juden abweichende Auslegung des AT, in der Jesus als der im AT verheißene, gesalbte Messias und somit als vorläufiger Höhepunkt der Menschheitsgeschichte hin umgedeutet wurde. Diese Auslegung wurde damit verteidigt, dass das AT allein für die von Gott auserwählten Judenchristen verständlich sei. Das judenchristliche Verständnis wurde mit der Parusieverzögerung schließlich von den Evangelisten schriftlich festgehalten.

Apokalyptik und **Auferstehung** sind die beiden zentralen, interdependenten Phänomene, die die Normen, Werte und grundlegenden Annahmen der Urgemeinde über Theologie, Leben, Tod und Alltag bestimmten. Die durch die Auferstehungsvisionen bekräftigte judenchristliche Vorstellung vom nahen Ende der Welt und der damit anbrechenden Gottesherrschaft auf Erden formten einen bis heute maßgeblichen Wesenszug des christlichen Glaubens: Christen leben in der Vorstellung von einem Spannungsverhältnis der durch Jesus verkündeten Heils- und Freudenzeit und der endgültigen Etablierung des himmlischen Gottesreiches. Darüber hinaus erkannten die Judenchristen durch die Auferstehungsvisionen die Messianität Jesu und die Wahrhaftigkeit seiner Lehre. Jesus war zu Lebzeiten bereits ihr Lehrer und Meister gewesen, nach seinem Tod wurde Jesus jedoch derart erhöht, dass die nach wie vor fest im Judentum integrierte Urgemeinde ihre Existenz und ihr Leben zunehmend ganz auf ihn, den wahren Messias, der zur rechten Gottes sitzt, ausrichtete. Diese unmittelbare personale Bindung an den zum Gott erhöhten Jesus - sichtbar in ihrem Bekenntnis -, der wenige Zeit zuvor noch mit ihnen gelebt hatte, macht zum einen das Wesen der Urgemeinde und des sich daraus entwickelnden Christentums aus und zum anderen den Unterschied zum Judentum. Der Glaube an den zum Tode verurteilten und gekreuzigten Schwerverbrecher Jesus sollte die Christen in den Augen der Heiden, vor allem der Römer, zu einer höchst verdächtigen Sekte machen und, aus heutigem Blickwinkel betrachtet, zu einer Reihe von sonderbaren Vorurteilen führen.

Die Judenchristen der Urgemeinde hofften jedoch, dass alle in Palästina lebenden Juden Jesus als den Messias anerkennen würden. Schließlich hatte Gott Jesus doch als sein "fleischgewordenes Wort" gesandt und mit dieser Hinwendung zu den Jesusgläubigen seinen Heilswillen offenbart. Auf diese göttliche Offenbarung mit dem Gekreuzigten und Auferweckten im Zentrum begründet sich das Christentum. Durch den unbedingten Glauben an Jesus Christus, den Messias, der als Sohn Gottes an dessen Seite sitzt und als Heiland den Menschen die Vergebung der Sünden brachte, unterschied sich die Urgemeinde vom Judentum. Zusammen mit ihren eigenständigen

Riten, die sie zusätzlich zu den jüdischen Bräuchen ausübten, war in ihrem Glauben rückblickend bereits ein eigenständiges Entwicklungspotential angelegt.

Die Urgemeinde unternahm eine **Missionstätigkeit**, die zunächst auf die Juden Palästinas beschränkt blieb, weil Jesus Verkündung des Gottesreiches sich eben auf Palästina beschränkt hatte. Dennoch ging diese Missionstätigkeit bald über die Grenzen Palästinas hinaus. Auslöser dafür war die Vertreibung der in Jerusalem ansässigen, unter der Führung des Stephanus stehenden, griechisch sprechenden Judenchristen. Diese hatten aufgrund religiöser Differenzen Jerusalem verlassen müssen und waren vor allem in das syrische Antiochia, aber auch nach Samaria und Phönikien geflüchtet, wo sie Christengemeinden gründeten. Dort traf wahrscheinlich Paulus - der später zum dynamischsten und charismatischsten Heidenmissionar des Christentums werden sollte und maßgeblich für die Verbreitung des christlichen Glaubens im Mittelmeerraum sorgte - auf die griechisch sprechenden Judenchristen (Hellenisten). Diese pflegten einen liberaleren Umgang mit den traditionellen Reinheitsvorschriften und kultischen Riten, was einerseits Auseinandersetzung mit den toratreuen Judenchristen und andererseits mit den orthodoxen Juden nach sich ziehen sollte.

Nach der Steinigung des Jakobus in Jerusalem im Jahr 62, der wegen eines Verstoßes gegen die religiösen Gesetze durch das Synhedrion verurteilt worden war, wanderten Teile der Jerusalemer Urgemeinde möglicherweise zusammen mit Christen aus Judäa nach Pella ins Ostjordanland aus. So verließen sie wahrscheinlich aus Furcht vor jüdischen Übergriffen gegen Christen noch vor dem jüdisch-römischen Krieg den jüdischen Herrschaftsbereich. Die in Jerusalem verbliebenen Mitglieder der Urgemeinde gingen im Zuge der Zerstörung Jerusalems nach dem Bar-Kochba-Aufstand im Jahr 135 zusammen mit ihrem Anspruch eine Vormachtstellung unter den Christen inne zu haben, unter.

2.3 Die Konfrontation des Christentums mit dem Judentum und dem römischen Religions- und Staatsverständnis

2.3.1 Die Ausbreitung des Christentums

Historischer Abriss der Mission

Nur kurze Zeit nach dem Tod Jesu begann sich sowohl seine Anhängerschaft als auch seine Lehre von der Urgemeinde in Jerusalem und Galiläa über Teilgebiete Palästinas und der Diaspora und bald darüber hinaus auch in heidnische Gebiete auszubreiten. Verbunden mit dieser Ausbreitung des frühen Christentums, das neben den Judenchristen nun auch zunehmend Heidenchristen erfasste, ist die Ausprägung erster dauerhafter Strukturen und religiöser Inhalte. Im Zentrum dieses teils zufälligen, teils intendierten Ausbreitungs- und Formierungsprozesses des Christentums stand eine umfangreiche Missionstätigkeit (Mission = Sendung, Botschaft), die sich im 1. Jahrhundert in drei (überlappende) Abschnitte unterteilen lässt: die Vorform der Mission, die Frühform der Mission und die Heidenmission.

Die **Vorform der Mission** war durch die unmittelbare und mittelbare Präsenz Jesu und seiner Lehre gekennzeichnet und zerfällt in zwei Phasen:
28/30 zog Jesus als Wanderprediger nach der Begegnung mit Johannes dem Täufer vermutlich für nur kurze Zeit durch den jüdischen Teil Galiläas.
30f. In den ersten Jahren nach seinem Tod setzten einige seiner Jünger und Anhänger seine Lebensweise und Lehrtätigkeit fort, zogen ohne festen Wohnsitz durch die ländlichen Gebiete Galiläas und verkündeten die frohe Botschaft Jesu.

Die **Frühform der Mission** war durch die Ausbreitung des judenchristlichen Glaubens auch über Palästina und das Judentum hinaus gekennzeichnet. Die ersten beiden Generationen der Judenchristen und der ersten von ihnen zum Teil bereits systematisch durch Apostel missionierten Heidenchristen lebten in der Überzeugung, dass Jesus Wiederkunft (Parusie) und das Königreich Gottes unmittelbar bevorstünden (Eschatologie).
31/35 In der Zeit nach der Hinrichtung des Stephanus, dem Führer des Hellenistenkreises und ersten christlichen Märtyrer, verließen

überwiegend unbekannte hellenistische Judenchristen Jerusalem und gründeten Gemeinden in der Diaspora wie in Antiochia und Rom. Antiochia war die erste heidenchristliche Gemeinde und neben Jerusalem das zweite urchristliche Zentrum, in dem Männer wie Barnabas, der bekannteste Missionar vor Paulus, den hellenistisch geprägten Diasporajuden in Cypern und in Syrien und erstmals auch den Heiden predigten. Zur gleichen Zeit hatten auch die Mitglieder der von Petrus, Jakobus und Johannes geführten Jerusalemer Urgemeinde erste missionarische Aktivitäten entfaltet.

Der Missionsgedanke war dem Christentum von Anfang an zu eigen. Eine Ausbreitung über die jüdische Gesellschaft hinaus, z.b. in Form einer Missionierung der Welt, war hingegen ursprünglich nicht geplant, denn die ersten urchristlichen Gemeinden verstanden sich in enger Anlehnung an Jesus als innerjüdische Reformbewegung. Die Mission führten nicht nur "Berufsmissionare" durch; vielmehr gründete eine Reihe unbekannter Laien Gemeinden in der Diaspora. Allerdings blieben die Erfolge unter den Juden sehr gering, und das Christentum stieß erst durch die gezielte Mission der Apostel in der nicht-jüdischen hellenistischen Welt auf Interesse und konnte sich ausbreiten.

Die **Heidenmission** war durch eine umfassende, zielgerichtete, langjährige Ausbreitung des judenchristlichen Glaubens unter Nicht-Juden gekennzeichnet, für die die Person und Botschaft Jesus Christus auf ihr hellenistisches Religions- und Kulturverständnis hin angepasst werden musste.

Ausgangs- und Entstehungsort der Heidenmission war Antiochia, die Hauptstadt der Provinz Syrien. Nach Rom und Alexandria gehörte die multikulturelle Handelsmetropole zu den drei wichtigsten Städten des Römischen Reiches. Aufgrund ihrer geographisch günstigen Lage verband sie drei Kontinente miteinander: Afrika, besonders Ägypten, Asien, vor allem Mesopotamien und Kleinasien, und Europas Mittelmeerwelt. Einer Forschungsrichtung zufolge soll in der ersten heidenchristlichen Gemeinde Antiochia auch der Name der Christen entstanden sein.[70] Zudem soll Paulus, der unter den Missionaren die größte Bedeutung erlangte, nach seiner Bekehrung um 32 dort zu den Christen gestoßen sein.

Paulus und seine Mission

Das Leben des Paulus lässt sich vor allem aus seinen (echten) Briefen rekonstruieren, die er während seiner Missionstätigkeit verfasst hat. Der erste Brief an die Gemeinde von Thessaloniki stammt aus dem Jahr 50, der letzte Brief an die römische Gemeinde aus dem Jahr 64. Dazwischen verfasste Paulus eine Reihe weiterer Briefe an die Korinther, die Galater, die Philipper und an Philemon. Zusammengenommen stellen die Paulusbriefe die ältesten erhaltenen literarischen Zeugnisse des Christentums dar. Sie sind für das Verständnis der Urgemeinde und des frühen Christentums somit die wichtigste Quelle. Paulus wurde wahrscheinlich 5 n. Chr. in Tarsos in der römischen Provinz Kilikien geboren. Er besaß das römische Bürgerrecht und bekam daher vermutlich nach seiner Geburt zusätzlich zu seinem jüdischen Namen Saul(us) den ähnlich klingenden griechischen Namen Paulos, lateinisch Paulus. Er wuchs in einer streng jüdischen Familie der hellenistisch geprägten Diaspora auf und genoss vermutlich eine jüdische Bildung, die von hellenistischen Einflüssen geprägt war. Paulus vereinigte beide Wurzeln des Christentums in seiner Person und Mission. Vor seiner Bekehrung gehörte Paulus zur religiösen Gruppierung der Pharisäer und war als streng gläubiger Jude derart gegen die sich von den jüdischen Gesetzen und Riten entfernende judenchristliche Bewegung eingestellt, dass er sogar Christen verfolgt haben soll. Zum Glauben an Jesus Christus soll er in der Konfrontation zwischen Juden und Judenchristen zwischen 32 und 34 durch eine "blendende Vision" bekehrt worden sein. Unmittelbar danach begann er eine wohl erfolglos gebliebene Missionstätigkeit, die vermutlich auf die Juden im arabischen Raum südöstlich von Damaskus beschränkt blieb. Nach etwa drei Jahren reiste er zu Petrus nach Jerusalem und gelangte wenig später nach Antiochia. Dies wurde wahrscheinlich durch Barnabas initiiert, mit dem er zusammen seine erste Missionsreise unternahm.

Paulus erkannte die Universalität der Heilsbotschaft Jesu. Seiner Ansicht nach war eine planmäßige und innerhalb kurzer Zeit weite Teile des Römischen Reiches erfassende, großflächig angelegte Missionstätigkeit zur Bekehrung der Heiden unbedingt notwendig, da erst mit dem Erreichen dieser Bedingung die (verzögerte) Wiederkehr Jesu erreicht sei. Dementsprechend betrieb Paulus die Heidenmission programmatisch und begründete sie theologisch. So rekrutierte sich der Kern der neu entstehenden Christengruppen zum größten Teil aus Heidenchristen. Ihr Anteil verstärkte sich und entsprechend nahm der Einfluss eines lebendigen Judenchristentums ab.

Den Griechen und anderen Heiden musste Paulus die christliche Botschaft ihren Traditionen und Hoffnungen gemäß erst verständlich machen und anpassen. So traten z.b. an die Stelle des für die Griechen unverständlichen jüdischen Messiastitels die griechischen Titel Kyrios (Herr) und Sohn Gottes. Beide zusammen versinnbildlichten die Vorstellung von einem göttlichen Wesen in Menschengestalt und harmonierten so mit dem griechischen Religionsverständnis. Diese Botschaft vom Gottessohn Jesus, der als Mensch auf der Erde aufgetreten und gestorben und nach seinem irdischen Tod wieder in die göttliche Welt aufgestiegen war, konnte in das herkömmliche Götterbild der Heiden integriert werden. Ein jüdischer Messias hingegen, der als ungebildeter Handwerker und wundertätiger Wanderprediger gelebt hatte und als verurteilter Verbrecher gestorben war, war in ihren Augen wenig glaubwürdig, zumal er nichts Göttliches an sich zu haben schien. Zugleich wandelte sich mit der veränderten Darstellung der Botschaft von Jesus, dem Christus, auch der Titel "Jesus Christus" zum Eigennamen.

Auch die apokalyptischen Erwartungen der Judenchristen waren den Heiden fremd. Für sie war weniger die Errichtung eines Gottesreiches auf Erden und die damit einhergehende grundsätzliche und abschließende Erneuerung der Welt wichtig, sondern vielmehr die eigene baldige Besserstellung auf Erden und die persönliche Errettung im irdischen, aber auch im jenseitigen Sinne. So wandelten die heidnischen Einflüsse den eschatologischen Begriff "Reich Gottes" zur Unvergänglichkeit und Ewigkeit des einzelnen Menschenlebens um. Diese Beispiele sollen genügen, um einen Eindruck von der Wandlung der kollektiven frohen Botschaft der Hoffnung zu einer Individualisierung der Hoffnung zu vermitteln und überdies die grundsätzliche Veränderung der christlichen Botschaft durch den Einfluss heidnischer Religiosität anzudeuten.

Paulus verzichtete bei seiner Mission auf eine strikte Befolgung der jüdischen Ritualgesetze durch die Heiden, obwohl er diese selbst als Judenchrist penibel einhielt. Im Sinne Jesu predigte Paulus, dass die direkte Hingabe des Menschen zu Gott, das Sich-Öffnen und Vertrauen gegenüber Gott, wichtiger sei als die Einhaltung von Riten. Auch wenn sich Paulus nie für eine Aufweichung der jüdischen Ritualgesetze innerhalb des Judentums eingesetzt hat, zog er sich durch seine liberale Missionstätigkeit den Zorn und die Anfeindungen strenggläubiger Juden, aber auch die Kritik der strikter an den Riten orientierten Judenchristen zu.

Für **Paulus Heidenmission** sind folgende Daten von Bedeutung:

45 - 48 Erste Heidenmissionsreise mit Barnabas durch Syrien, Cypern und Kleinasien.
In Folge der Heidenmission kommt es zum Streit zwischen den gesetzestreuen Judenchristen und den liberaleren Heidenmissionaren unter Paulus.

48/49 Auf dem Apostelkonzil wird dieser Streit geschlichtet: Petrus und die Apostel übernehmen die Judenmission, Paulus und Barnabas die Heidenmission.

49 - 52 Zweite Missionsreise des Paulus mit längerem Aufenthalt in Korinth.

54 - 58 Dritte Missionsreise des Paulus nach Ephesos und nach Korinth.

58 - 60 Bei der Überbringung der Kollekte nach Caesarea wird Paulus nach einer Verfolgung durch orthodoxe Juden von den römischen Behörden verhaftet und in Caesarea gefangen gehalten.

60 - 61 Reise bzw. Überstellung als Gefangener mit römischem Bürgerrecht nach Rom.

Um 64 Tod des Paulus.

Für die Entstehung des Christentums kommt Paulus Mission eine zentrale, **welthistorische Bedeutung** zu. Nach dem Begründer des Christentums Jesus von Nazareth ist Paulus von Tarsos gleichsam der "Vater des Erfolgs" des Christentums, denn Paulus schuf mit seiner Heidenmission die Grundlage für den Aufstieg und die raumgreifende Ausdehnung des Christentums im gesamten Römischen Reich. Seine erfolgreiche Heidenmission war die Voraussetzungen dafür, dass sich die auf Teile Palästinas begrenzte apokalyptische Sekte der Judenchristen zu einer Weltreligion entwickeln konnte. Und schließlich führte Paulus Anpassung der christlichen Botschaft an die heidnische Sphäre und seine Öffnung des Christentums für heidnische Kulturelemente zu einer wechselseitigen Inkulturation von Judenchristentum und Hellenismus, von Christentum und Heidentum.

Die Heidenmission verlief gerade auch deshalb so erfolgreich, weil die Inhalte des christlichen Glaubens nur grob festgelegt waren.
Bereits mit der Heidenmission setzte ein allmählicher Paradigmenwechsel[71] des Christentums ein, d.h. eine Veränderung der zentralen Normen, Werte, grundlegenden Annahmen und Überzeugungen der Christengemeinde: An die Stelle der (judenchristlichen) apokalyptischen Prägung der Urgemeinde trat die (heidenchristliche) hellenisti-

sche Prägung der frühen Kirche, die sich im 3./4. Jahrhundert endgültig etablierte.

Verbunden mit diesem Paradigmenwechsel sind vier grundsätzliche Veränderungen des Wesens des Christentums:

- Mit der Mission entstand durch die zunehmende Zahl der Gläubigen und dem damit wachsenden Organisationsaufwand allmählich eine funktionale Aufgabenteilung als Vorläufer späterer Ämter (erste Ansätze einer hierarchischen Kirchenstruktur).

- Die Sprache der Christen war nicht mehr allein Aramäisch, sondern die Weltsprache Griechisch.

- Das Christentum verlor seinen ländlichen Charakter und breitete sich vornehmlich in Städten aus.

- Die christliche Lehre öffnete sich im Zuge der Ausbreitung gegenüber neuen und fremden Strömungen, wie den Mysterienreligionen, und inkulturierte diese. Durch eine derartige Flexibilität und die Tatsache, dass das Christentum so immer etwas Modernes, Neues darstellte, blieb es kontinuierlich attraktiv für weite Teile der Bevölkerung des Römischen Reiches.

An dem Missions- und Ausbreitungprinzip hat sich bis zu Konstantin I. (312-337) im Grunde nichts geändert. Allerdings gab es in den ersten Jahrhunderten nach Paulus, in denen sich das Christentum weitflächig verbreitete, keine "Berufsmissionare" mehr, vielmehr verlief die Mission unkontrolliert und eigendynamisch. So gaben einzelne Christen oder Wanderprediger die christliche Lehre spontan weiter. Insofern blieb die Mission Aufgabe einzelner Christen und wurde nicht als Aufgabe kirchlicher Institutionen verstanden.

Mit der "konstantinschen Wende" veränderte sich der Charakter der christlichen Mission, die nun auch mit kulturellen und politischen Intentionen verbunden war.

Soziale und geographische Ausbreitung

Geographisch:

Das Christentum breitete sich von Antiochia nach Syrien und Edessa, von Ephesos nach Kleinasien und Gallien und von Alexandria in Richtung Süden und Südosten des Reiches aus. Die Christen der Stadtgemeinde Rom missionierten allmählich Italien und Afrika und von dort aus Spanien. Die Expansion erfolgte vorwiegend von Ost nach West.

Gegen Ende des 2. Jahrhunderts gab es in allen Provinzen des Reiches Gemeinden. Bis zum 4. Jahrhundert breitete sich das Christentum vor allem in urbanen Räumen, dann auch auf dem Lande aus. Gegen Ende des 5. Jahrhunderts bezeichnete sich die Mehrheit der Bewohner des Römischen Reiches als Christen, noch im 4. Jahrhundert waren es nur etwa 15% gewesen.

Sozial:

Die Ausbreitung des Christentums vollzog sich zunächst in größeren Städten, die als Handelszentren oder Knotenpunkte wichtiger Straßen und Handelswege, als Hafenstädte oder Verwaltungszentren eine besondere Bedeutung in den Provinzen besaßen. In den Städten begünstigte die hellenistische Kultur die Ausbreitung, während die Ausbreitung auf dem Land durch die Orientierung der Bevölkerung an regionalen vorhellenistischen und vorrömischen Kulturen schwieriger war und langsamer erfolgte.

Tatsächlich ist eine genaue Analyse der Sozialstruktur des Christentums für die ersten drei Jahrhunderte nur schwer möglich. Zunächst scheint das Christentum vor allem in unteren und mittleren Schichten bei Handwerkern und Händlern, bei Frauen und Männern gleichermaßen, Anklang gefunden zu haben. Einen nicht unbeträchtlichen Anteil mögen Witwen und Waisen sowie (allein stehende) Frauen ausgemacht haben. In dieser Zeit war das Christentum vor allem eine Bewegung der Wenig-Besitzenden.

Für die obere Schicht des Reiches war der Anreiz, Christ zu werden anfangs äußerst gering. Die Nachteile, wie der Verlust gesellschaftlichen Ansehens und von Privilegien, überwogen bei weitem. Erst im Verlauf des 3. Jahrhunderts kam es zu häufigeren Kontakten zwischen diesen Schichten und den Christen. In dieser Zeit wuchs das Christentum zu einer politischen und geistigen Autorität, der sich auch die Eliten anschließen konnten. Dies geschah vor allem im Osten, während das Christentum im Westen zunächst auf die griechisch sprechende Bevölkerung begrenzt blieb.

Die soziale Ausbreitung verlief somit im Wesentlichen von "unten" nach "oben".

Missionsfördernde und -hemmende Faktoren

Die **missionsfördernden Faktoren** lassen sich in drei thematische Gruppen gliedern:

1. Allgemeine Bedingungen

- Die sprachlich-kulturelle Homogenität des Römischen Reiches, besonders die Weltsprache Griechisch als Transportmittel und die hellenistische Kultur.
- Die guten Verkehrsverbindungen, die ein schnelles Reisen und einen intensiven Austausch von Gütern, aber auch Gedanken ermöglichten.
- Die Rechtssicherheit und die überwiegend friedliche Zeit der *pax romana*.

2. Religiöse Bedingungen

- Die überwiegend tolerante Religionspolitik des polytheistischen römischen Staates.
- Das Christentum konnte sich im Schatten des als *religio licita* anerkannten Judentums lange Zeit relativ frei entfalten und profitierte von der schon länger präsenten Vorstellung des Monotheismus und der Sehnsucht nach einem Heiland.

3. Stärke des Christentums

- Die allgemeine Aufgeschlossenheit und das Bewusstsein der Andersartigkeit der Christen gegenüber dem Phänomen der Erlösungsreligion, das seinen "Ursprung und Richtpunkt" in einem leibhaftigen Menschen besaß, sowie die Inkulturation bestehender religiöser und kultureller Strömungen.
- Die Attraktivität der Religion an sich durch die Gleichstellung der Menschen, insbesondere der Frauen, sowie die praktizierte Nächstenliebe und soziale Hilfe auch gegenüber Marginalisierten und Ausgestoßenen.
- Das ausgeprägte Zusammengehörigkeitsgefühl der Christen und die Überzeugungstreue Einzelner bis in den Tod (Märtyrer).

Zu den **missionshemmenden Faktoren** zählen:

1. Vorbehalte

- Die Mehrzahl der Heiden konnte die Botschaft von einem gekreuzigten, toten Messias nicht nachvollziehen.

- Für die Heiden war Jesus als Verbrecher eines schimpflichen Todes gestorben, denn die Kreuzigung galt als die schändlichste und grausamste Todesstrafe.
- Die noch näher auszuführenden Vorurteile und Vorwürfe aus weiten Teilen der römischen Gesellschaft.

2. Schwächen des Christentums

- Das Fremdartige der neuen Religion, die in ihrem Erscheinungsbild und ihren Inhalten von den herkömmlichen heidnischen Kulten und Religionen abwich und sich vorwiegend im Verborgenen, im Privaten hielt.
- Der sich zeitweise zuspitzende Fanatismus und der Alleingültigkeitsanspruch, die sich in einer Intoleranz gegenüber anderen Religionen zeigten und schließlich zum Konflikt mit dem römischen Staats- und Religionsverständnis führten.

Zusammengenommen bewirkten die Vorbehalte und Schwächen des Christentums zeitweise eine zunehmende gesellschaftliche Isolierung der Christen, vor allem während und nach den systematischen reichsweiten Verfolgungen.

Die Entstehung des Namens "Christen"

Die Entstehung der Bezeichnung "Christen" für die judenchristliche Reformbewegung der Jesusanhänger zurückzuverfolgen, ist wegen der schlechten Quellenlage schwierig. Als **Urheber** für die Entstehung des Begriffs kommen folgenden Gruppen in Frage: 1. die Römer, d.h. die römischen Behörden, 2. die Juden, d.h. die Pharisäer oder die Sadduzäer, 3. die Christen selbst, d.h. die Judenchristen oder Heidenchristen und schließlich 4. die Griechen im Zuge der Missionstätigkeiten der Christen.

Ad.1. Die Römer

Die Römer haben spätestens im Jahr 41 von innerjüdischen Auseinandersetzungen Kenntnis genommen, denn in diesem Jahr erging eine Warnung des Kaisers Claudius an die römische Judengemeinde, ihre internen Streitigkeiten beizulegen und damit die öffentliche Ruhe und Ordnung aufrechtzuerhalten. Vermutlich haben die Römer zu diesem Zeitpunkt noch nicht erkannt, dass es sich bei diesem Konflikt um eine Auseinandersetzung zwischen Juden und Judenchristen handelte. Allerdings hätten ihnen diese religiösen Differenzen auffallen können, da der Konflikt nicht nur seit geraumer Zeit schwelte, sondern sich in einer Reihe bedeutenderer Auseinandersetzungen in der Öffentlichkeit entladen hatte. So wurden innerhalb eines Zeitraums von weniger als 10 Jahren zahlreiche "Christen" hingerichtet: nach 28 Tod Johannes des Täufers, um 30 Tod Jesu, 31 oder 35 Tod des Stephanus und 10 Jahre später 43/44 Tod Jakobus des Älteren. Noch zur Zeit des Judenedikts des Claudius im Jahr 49 scheinen die Römer die innerjüdischen Religionsstreitigkeiten nicht soweit durchschaut zu haben, dass sie die für die Unruhen vermeintlich verantwortliche Partei als "Christen" bezeichneten. Gestützt wird diese Sicht durch den römischen Biograph Sueton, der die Unruhen als "aufgestachelt von Chrestus" beschreibt (Sueton, Claud. 25,4). Die Römer unterlagen demnach einem Irrtum, glaubten sie doch ein Mann namens Chrestus sei für die Unruhen verantwortlich; in Wirklichkeit handelte es sich aber um die Gruppe der Christen.

Erst in Folge des Gesprächs zwischen Herodes Agrippa und Paulus[72] anlässlich seines Transports als Gefangener von Jerusalem nach Rom vermutlich im Jahr 60 kann die Bezeichnung "Christ" per Anklageschrift nach Rom gelangt sein. Die Bezeichnung war vermutlich schon seit einiger Zeit gängig. Möglicherweise hat Herodes als römischer Klientelkönig aufgrund seiner Kenntnisse über die innerjüdischen Religionsstreitigkeiten den Begriff "Christ" benutzt.

In Rom wird der Christenbegriff dann erst wieder im Zusammenhang mit den neronischen Verfolgungen erwähnt. Nero war durch christenfeindliche Stimmungen im Volk auf die Christen aufmerksam geworden, so dass man annehmen kann, dass die römische Bevölkerung bereits vor 64 die Christen als Gruppierung wahrgenommen hat, die Behörden sich bis dahin aber noch nicht mit den Christen auseinander gesetzt hatten. Möglicherweise erinnerten sich die Römer an die Unruhen zur Zeit des Claudius, so dass sich in der Folgezeit der Begriff festsetzte. Spätestens mit der Erhebung der Judensteuer (*fiscus iudaicus*) im Jahr 70 haben die Römer die Christen als eine sich vom Judentum abspaltende Gruppierung erkannt, da diese die Zahlung der Steuer verweigerten. Wahrscheinlich hat die Abfassung der Evangelien diesen Verständnisprozess gefestigt.

Ad. 2. **Die Juden**

Eine Bezeichnung der innerjüdischen Reformbewegung der Jesugläubigen als Christen ist möglich, aufgrund des griechischen Ursprungs des Wortes jedoch unwahrscheinlich. Die Juden hätten diese Gruppierung wohl eher als Jesus-Anhänger bezeichnet; vermutlich nannten sie die Mitglieder der Gemeinde aber nach der Heimat ihres Gründers Nazarener oder Nazoräer.

Ad. 3. Die Christen

Es ist denkbar, dass die Selbstbezeichnung der Christen Folge einer stark steigenden Zahl von Anhängern in Verbindung mit einer zunehmenden Abgrenzung vom Judentum im Sinne eines eigenständigen, identitätsstiftenden Selbstbewusstseins gewesen ist. Der Begriff kann dabei eine "Eigenkreation" oder eine Übernahme von einer externen Gruppierung wie den Römern oder den Griechen gewesen sein. Aufgrund der Quellenlage bleiben diese Ausführungen jedoch Spekulation und können nicht verifiziert werden.

Ad. 4. Die Griechen

Wahrscheinlich stammt der Begriff "Christen" (*Christiani*) von den Griechen. Spätestens im Zuge der Heidenmission des Paulus musste die Botschaft vom gekreuzigten Messias den hellenistischen Heiden verständlich gemacht werden. Für die Diasporajuden hingegen war eine Übersetzung aufgrund ihres jüdischen Hintergrundes nicht notwendig. Für sie war es nachvollziehbar, dass Jesus der Messias war. Die heidnischen Griechen konnten jedoch mit der Botschaft vom gekreuzigten Messias nichts anfangen. Der Begriff der "Christen" könnte dann von hellenistischer Seite aus für die anwachsende Gruppierung der Jesus-Anhänger verwandt worden sein und zwar nicht durch die zum "Christentum" bekehrten Heiden, sondern durch die Heiden, die die Lehre nicht annahmen. Diesen Heiden war nämlich das religiös belegte Wort "Christos" (Χριστος = der Gesalbte, d.h. der Messias) gänzlich unverständlich. Sie werden es daher als Eigennamen verstanden und durch den gewöhnlichen Personennamen "Christos" (Χρηστος) ersetzt haben. Die Anhänger dieser anwachsenden Gruppierung wurden dementsprechend als "Christiani" (Χριστιανοι) bezeichnet, während die Christen selbst den Begriff wohl nur zögernd übernahmen.

Zum ersten Mal tauchte der Begriff "Christentum"[73] wie auch der Begriff "katholische Kirche"[74] um 110 in den Briefen des Bischofs Ignatius von Antiochia auf, der 111/113 den Märtyrertod fand. Beide Bezeichnungen wurden im institutionellen Sinne nahezu synonym verwandt: Der Begriff "Christentum" bezeichnete einerseits den (christlichen) Glauben an Jesus als den Christus und seine Lehre und Lebensweise und andererseits die Anhänger dieses Glaubens. Von dem Zeitpunkt der Übernahme der Begriffe "Christen" und "Christentum" (*Christianismos*) durch die Christen, dienten diese der identitätsstiftenden Selbstbezeichnung und der distanzierenden Abgrenzung in Analogie zu den Juden bzw. dem Judentum (*Judaismos*) und den Griechen bzw. dem Griechentum (*Helenismos*).

Im Wesentlichen bieten sich **zwei Zeiträume für die Entstehung des Christen-Namens** an:

1. Im Zuge der **Paulusmission um 45**:[75]
Paulus und Gleichgesinnte könnten aufgrund ihrer nur geringen Erfolge bei der Judenmission auf die Idee gekommen sein, auch Nicht-Juden zum Christentum zu bekehren. Im Jahr 45 begannen Paulus und Barnabas ihre erste Heidenmissionsreise durch Syrien, Cypern und Kleinasien. In dieser Zeit können die Heiden die Missionare und ihre Anhänger als Christen bezeichnet haben.

2. Im Zuge der **Diasporajudenmission um 40**:
Bereits vor der paulinischen Heidenmission um 45 waren Heidenmissionare, deren Namen heute nicht mehr bekannt sind, tätig. In der Zeit nach der Hinrichtung des Stephanus (31/35) und der Verfolgung der Judenchristen durch die Juden wagten Männer aus den Diasporagemeinden in Cypern und der Cyrenaika, die an das Zusammenleben mit den Griechen gewöhnt waren, als erste den entscheidenden Schritt über die jüdische Welt hinaus in die Heidenwelt. Sie predigten den Griechen in Syrien, insbesondere in Antiochia, in der die erste heidenchristliche Gemeinde entstand. Mit der Entstehung dieser Gemeinde und der Bekehrung der ersten Heiden kann der Name "Christen" um das Jahr 40 aufgekommen sein.

Das Wesen des Christentums: Inhalt und Lehre

Der Versuch das Wesen des Christentums historisch zu fassen, bleibt insofern ein unzulänglicher Versuch, als das Christentum - wie andere Religionen auch - sich zwar empirisch hinsichtlich seiner Struktur, Ziele und Motive messen lässt, wesentlich aber durch transempirische Glaubenskategorien bestimmt wird. So manifestiert sich das Christentum im Glauben an Gott und seinen Sohn Jesus Christus; dieser Glaube ist aber eben gerade nicht empirisch messbar. Dennoch kann jenseits der theologischen Sphäre die historische Gestalt des Christentums beschrieben werden.

Das Wesen des Christentums ist der Kern und Ursprung der christlichen Botschaft, Lehre und Lebensweise, das sich trotz aller Veränderungen im Laufe der Zeit als das Bleibende erwiesen hat.

Das **Wesen**[76] **des Christentums** lässt sich wie folgt charakterisieren:

1. Monotheismus:

- Im Zentrum des Christentums steht der Glaube an den einen Gott, den Schöpfer, und seinen Sohn Jesus Christus. Dieser Glaube wird in der direkten Hinwendung jedes einzelnen Gläubigen zu Gott und seinem Sohn wirksam. Das Bekenntnis zu Gott und seinem Sohn vollzieht die Gemeinschaft durch Riten wie das Glaubensbekenntnis, die Taufe, die Buße und das Abendmahl.

- Dieser Glaube an den einen Gott und seinen Sohn Jesus ist durch ein Spannungsverhältnis geprägt - der Spannung zwischen dem gottgegebenen Heil und der Hoffnung auf eine noch ausstehende Vollendung und Erlösung.

2. Offenbarung und Erlösung:

- Das Christentum basiert auf der göttlichen Offenbarung des Heils und der Erlösung in der Person Jesu, dem "fleischgewordenen Wort" Gottes, und dem positiven Heilswillen Gottes (Offenbarungsreligion).

- Im Unterschied zu anderen (Erlösungs-)Religionen wie dem Buddhismus ist die Erlösung der Menschen mit der historischen Gestalt des Gottessohnes Jesus Christus verknüpft.

- Die Erlösung von dem Bösen beruht auf einer dualistischen Weltsicht: Gut und Böse sind gottgegeben; Gott und Jesus verkörpern das Gute, Satan (hebräisch) oder Diabolos (griechisch) das Böse.

3. Jesuszentrik:

- Konstitutiv für das Christentum ist die strenge Orientierung an Jesus als geschichtlicher Person und als Gottessohn. Diese unauflösbare Verschmelzung einer konkreten, historisch fassbaren menschlichen Gestalt mit einem göttlichen Wesen stellte bis dahin etwas Einmaliges und Neues dar.

- Jesus Christus ist der Namensgeber des Christentums. Sein Leben, seine Lehre und seine Person sind das ewige Vorbild seiner

Anhänger. Er verkörpert die Hoffnung, er ist der Weg und die Wahrheit des Lebens, dessen Sinn er mit Hoffnung beantwortet.

- Jesus Christus ist das personale Prinzip des Christentums, das eigentliche Identitäts- und Lebensprinzip - ohne Jesus Christus kein Christentum. Die im Vorwort erläuterte Formel spiegelt dies beispielhaft wider.

- Jesus Christus ist schließlich die Grundgestalt und das Grundmotiv des Christentums. Als verbindende Konstante ist er epochenübergreifend wirksam.

4. Universalität:

- Das Christentum gilt als Weltreligion mit universaler Sendung und Eigenart. Es propagiert die Erlösung und das Heil der gesamten Schöpfung, d.h. die Erlösungs- und Heilsbotschaft gilt für alle Menschen zeitlos und unabhängig von ihrer Nation, Rasse, Klasse und Geschlecht. Mit anderen Worten bedeutet dies, dass "Gott in uns allen ist", dass alle Menschen etwas Göttliches in sich haben.

- Universell und grundlegend ist auch das Gebot des mitmenschlichen Verhaltens, das (erstmals) wichtiger als das penible Einhalten kultischer Riten wird und so universell integrierend wirkt (ethische Religion).

5. Bibel:

- Das Christentum basiert auf dem Alten Testament, der Tora, das durch das Neue Testament zur Bibel erweitert wurde. Wie im AT gilt Gott als Schöpfergott, aber Gottes Schöpfungs- und Heilshandeln ist unauflöslich mit seinem Sohn, dem Messias, Jesus Christus verknüpft.

- Das Christentum ist keine Schrift- oder Buchreligion, da die Schrift nur eine dienende Funktion hat, d.h. dass das Bekenntnis zu einem geschichtlichen Menschen zeitlos aufbewahrt werden soll. Im Zentrum des Christentums steht nicht die Heilige Schrift, sondern das orientierungstiftende, vorbildliche Leben und Wirken Jesu.

6. Historizität:

- Das Christentum ist eine geschichtliche Religion. Anders als naturhafte, mythische oder philosophische Religionen ist das Christentum durch seine Begründung auf die geschichtlich einmalige und datierbare Menschwerdung Gottes von Beginn an auf geschichtlich Geschehenes bezogen.

- Die (Vor-)Geschichte des Christentums ist durch immer neue prophetische Verkündigungen des Wortes und Willens Gottes gekennzeichnet; das Christentum trägt insofern Züge einer prophetischen Religion.

- Die Vorstellung von der Geschichts- und Entwicklungsrichtung des Christentums verläuft nicht zyklisch, sondern linear und zwar von der Schöpfung Gottes bis zur Vollendung Gottes.

- Schließlich zeichnet sich die Gestalt des frühen Christentums in seiner Entstehungs- und Etablierungszeit durch einen beständigen Wandel und die Fähigkeit zu integrativer Flexibilität aus.

2.3.2 Das Verhältnis von Christen und Juden

Das Christentum wurzelt im Judentum. Seine Entwicklung und Ausbreitung ging mit der Loslösung vom Judentum und der Inkulturation in die römisch-hellenistische Geisteswelt und Gesellschaft einher. Tatsächlich verband das Christentum zunächst mehr mit dem Judentum als es von ihm trennte. Das lag daran, dass Jesus, seine Anhänger und auch die ersten Christen nach seinem Tod Juden waren. Folglich wurden die ersten judenchristlichen Gemeinden als Sondergemeinschaften oder innerjüdische Reformbewegung wahrgenommen und toleriert, denn zur Zeit Jesu und der Urgemeinde war das Judentum keineswegs ein homogenes Volk oder eine homogene Religion, sondern vielmehr existierten zahlreiche differierende religiöse und politische Gruppierungen unterschiedlicher Größe und unterschiedlichen Einflusses.

Jüdische und christliche Gruppierungen

In der Zeit nach dem Tod Jesu gab es im Wesentlichen folgende **Gruppierungen**, die für den Prozess der **Trennung des Christentums vom Judentum** von Bedeutung waren:

1. **Die orthodoxen Juden**: Nachfolgend werden sowohl die Pharisäer, die nach 70 maßgebliche volksnahe und streng an den Riten orientierte Parteiung, als auch die Sadduzäer, die zur Zeit Jesu maßgebliche tempelaristokratische, römerfreundliche Gruppierung, als orthodoxe Juden bezeichnet.

2. **Die Judenchristen**: Sie setzen sich aus zwei Gruppierungen zusammen, den Judaisten und den Hellenisten.

- Die **Judaisten**, die vorwiegend palästinensischen Judenchristen, verbanden die Heilsbotschaft Jesu mit der Einhaltung der jüdischen Rituale und standen so zwischen den orthodoxen Juden und den Hellenisten.

- Die **Hellenisten**, die griechisch sprechenden Diasporajudenchristen, verbanden die Heilsbotschaft Jesu mit einer liberalen Haltung gegenüber den jüdischen Traditionen.

Diese beiden Gruppierungen bildeten die judenchristliche "Reformfraktion" des Judentums. In der Folgezeit wurden die Judaisten zwischen den beiden Blöcken der orthodoxen Juden und der liberalen Hellenisten zerrieben; ihre Macht zerfiel und die Gruppierung löste sich schließlich auf. Die Hellenisten setzten sich dagegen durch und bildeten die Vorform des heutigen Christentums.

3. **Die Heidenchristen**, die nicht zum Judentum gehörenden vorwiegend von den Hellenisten zum Glauben an Jesus Christus bekehrten Heiden (vorwiegend Griechen und Römer), spielten eine maßgebliche Rolle im Trennungsprozess der Christen von den Juden. Ihre Zahl und ihr Einfluss nahm mit dem Aufstieg des Christentums kontinuierlich zu und marginalisierte das jüdische Bewusstsein der Hellenisten bis schließlich die (Heiden-)Christen die Gestalt und das Wesen des Christentums in seiner Frühform prägten.

Gruppierungen, die für den Prozess der Trennung des Christentums vom Judentum von Bedeutung waren:

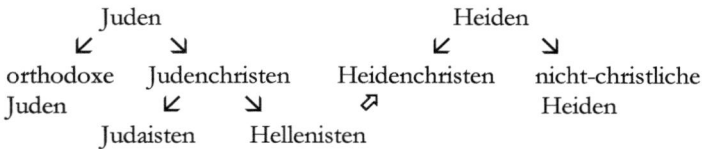

Quelle: eigene Darstellung

Der Prozess der Entfremdung

Der wechselseitige **Prozess der Entfremdung von Christen und Juden** lässt sich wie folgt skizzieren:

Nach **28** wurde **Johannes der Täufer** von Herodes Antipas hingerichtet. Johannes jüdische "Reform"-Lehre kann als Vorform der jesuanischen Lehre angesehen werden. Teile der späteren christlichen Kirche verehren Johannes als ersten Märtyrer. Ob führende Vertreter der orthodoxen Juden, vor allem der Sadduzäer, aus Furcht vor öffentlichen Unruhen und Privilegienverlusten seine Ausschaltung betrieben oder unterstützt haben, muss offen bleiben.

Um **30** ließen die orthodoxen Juden **Jesus** in Jerusalem verhaften und überstellten ihn verbunden mit einer politischen Anklage an Pontius Pilatus, der ihn kreuzigen ließ.

In der nachfolgenden Zeit kam es nur noch partiell zu rekonstruierbaren Konflikten zwischen den orthodoxen Juden und den Judenchristen aufgrund deren liberaler, christologischer Religionsauffassung. Vereinzelt sind Hinrichtungen überliefert, deren Ursache wohl schwere Religionsdelikte waren. So fand

31/35 die **erste jüdische Christenverfolgung** mit dem Märtyrertod (Steinigung) des Hellenisten Stephanus ihren Höhepunkt. Diese Konflikte können noch als innerjüdische Angelegenheit angesehen werden.

In den **30er** und **40er** Jahren kam es im Zuge der **Paulus-Mission** der Heidenchristen vorwiegend zwischen Judaisten und Hellenisten zu Auseinandersetzungen um die Einhaltung der Reinhaltsgebote. Zu bedenken ist, dass die orthodoxen Juden der Liberalisierung des Judentums trotz der anfänglich nur marginalen Bedeutung der Christen keineswegs bedenken- und tatenlos zugesehen haben werden wie die Hinrichtung des Stephanus zeigt.

48/49 fand das sogenannte **Apostelkonzil** statt, das im Prozess der Entstehung des Christentums und seiner Trennung vom Judentum eine zentrale Bedeutung einnimmt.

Anlass war der Konflikt um die von den Judaisten der Jerusalemer Urgemeinde - Petrus, Jakobus und Johannes - geforderte Einhaltung der mosaischen Gesetze und der Beschneidung im Zuge der Heidenmission des Paulus und Barnabas. Diese beiden Hellenisten vertraten hingegen die Ansicht, dass Heiden den christlichen Glauben annehmen durften, ohne die jüdischen Riten übernehmen zu müssen.

Der Beschluss des Apostelkonzils sah die Anerkennung und Legitimierung der Heidenmission und der nicht beschnittenen Heiden vor, die fortan als gleichberechtigte Christen in die Gemeinde integriert werden sollten.

Die Reaktion der Judaisten auf den Beschluss bestand in einer faktischen Zustimmung zu dieser Regelung. Praktisch fanden sich aber die Judaisten und besonders die Jerusalemer Urgemeinde damit nicht ab, was in der Folgezeit eine Vielzahl von Problemen in den Gemeinden nach sich zog.

Die orthodoxen Juden nahmen zunehmend eine feindliche Haltung gegenüber den Christen ein, die sich bis hin zu vereinzelten Verfolgungen der Christen, vor allem in Palästina, steigerte. Die Verehrung Jesu als Messias war dafür zunächst kein Motiv, denn das Bekenntnis zu einem Messias war und blieb im Judentum möglich. Massive Ablehnung erfuhr die innerjüdische Sekte der Christen dagegen durch ihre aus orthodoxer Sicht frevelhafte Aufweichung der religiösen Grundlagen des Judentums, die die "nationale und religiöse Integrität des jüdischen Volkes" (K. M. Fischer) in Frage stellte.

Die wichtigste Folge des Apostelkonzils war schließlich der **Bruch der Einheit der Christen** und die faktische Trennung der Christen von den Juden. So spaltete sich die Gemeinde der Christen in zwei unversöhnliche Parteiungen: die nun zunehmend restaurativ wirkende und sich allmählich auflösende Gruppe der **Judaisten** und die liberale Gruppe der **Hellenisten**. Für die Hellenisten war das Apostelkonzil gleichsam der Impuls für eine umfangreiche Mission der Heiden. So kann die erste planvolle Missionsreise des Paulus als direkte Konsequenz des Apostelkonzils angesehen werden.

Infolgedessen traten die Hellenisten zusammen mit den Heidenchristen aus dem Schutz der alten jüdischen Gemeinde heraus und definierten sich nicht mehr wie die Juden über das Volk Israel, sondern über die Gemeinschaft der Christusgläubigen. Das Christentum und das Judentum entkoppelten sich und die Weichen der Entwicklung und Gestalt des Christentums wurden nun überwiegend durch hellenistische Einflüsse gestellt. Dies schloss die eine Eigendynamik entfesselnde Weltmission in die römische Kulturwelt ein.

Anzumerken sei an dieser Stelle, dass hier unter hellenistischen Einflüssen nicht der Einfluss der Hellenisten, d.h. der Diasporajudenchristen verstanden wird, sondern die vielfältigen Einflüsse der seit Alexander dem Großen wirksamen griechisch-hellenistischen Kultursphäre.

49 Das **Judenedikt des Claudius** verfügte die Ausweisung von Juden(Christen!) aufgrund ständiger Tumulte in der jüdischen Gemeinde in Rom. Bereits im Jahr 41 hatte Kaiser Claudius die Juden(Christen!) ermahnt, bei ihren überkommenen Lebensformen zu bleiben. Die Tatsache, dass die Römer zu diesen Zeitpunkt noch nicht zwischen Juden und Judenchristen unterschieden, geschweige denn zwischen Juden und Christen, lässt - wie dargestellt - darauf schließen, dass der Begriff "Christen" in dieser Zeit noch nicht geläufig war.

58 Paulus wurde in Jerusalem von orthodoxen Juden bedroht und auf ihr Betreiben hin von den römischen Behörden zwei Jahre in Caesarea in Gewahrsam genommen. Paulus bestand vor dem syrischen Statthalter Festus auf sein römisches Bürgerrecht ("*civis Romanus sum*") und einen Prozess in Rom. Sein Berufen auf den Kaiser (Apg. 25ff.) hatte schließlich seine Verlegung nach Rom zur Folge. In der mit ihm nach Rom gesandten Anklageschrift wurde das Wort "Christ" verwandt und gelangte somit um 60 möglicherweise in römische Akten.

Durch Paulus, der als römischer Bürger Anrecht auf einen Prozess in Rom hatte, wurde die anfänglich innerjüdische Angelegenheit nun zu einer staatlichen. Zwischen 63 und 67, vermutlich 64 im Zusammenhang mit der neronischen Verfolgung, wurde Paulus wie auch Petrus in Rom hingerichtet.

Bereits **62** wurde der Herrenbruder **Jakobus** in Jerusalem im Zuge wieder aufflammender anti(juden)christlicher Ressentiments der orthodoxen Juden gegenüber der Jerusalemer Urgemeinde vom Synhedrion wegen schwerer Verstöße gegen die religiösen jüdischen Gesetze zum Tod durch Steinigung verurteilt und hingerichtet.

Jakobus war nach dem Weggang des Petrus seit den 40er Jahren zum obersten Leiter der Jerusalemer Urgemeinde aufgestiegen und besaß große, überregionale Autorität. Jakobus galt als gesetzestreu im Sinne der religiösen Gesetze und als ausgleichend; deshalb wurde er der Gerechte genannt. Den orthodoxen Juden muss seine Macht als maßgebliche Autorität der Judaisten, seine Billigung der Heidenmission und die Tatsache, dass er der Bruder von Jesus war, ein Dorn im Auge gewesen sein. Insofern kommen die Hintergründe des Vorgehens gegen Jakobus der gut 30 Jahre zuvor erfolgten Ausschaltung Jesu sehr nahe.

Für die Jerusalemer Urgemeinde hatte die Hinrichtung ihres Anführers einen Bedeutungsverlust innerhalb des Christentums und den Anfang des Niedergangs ihrer Gemeinde zur Folge. Zudem setzte sich der Abspaltungsprozess der Christen von den Juden fort und wurde durch einen latenten Antijudaismus verstärkt.

66 war die Trennung von Christen und Juden bereits so weit fortgeschritten, dass sich die Christen nicht am jüdischen Aufstand in Palästina gegen die Römer und dem folgenden **1. jüdisch-römischen Krieg** beteiligten, sondern aus Jerusalem und der jüdischen Einflusssphäre auswanderten. In den Augen der Juden stellte dieses Verhalten einen Verrat an den gemeinsamen Grundlagen und dem geistigen Schicksal Israels dar.

70 wurde im Zuge dieses Krieges **Jerusalem** von Titus, dem Sohn des flavischen Kaisers Vespasian, **erobert** und der **Tempel zerstört**. Mit der Umwandlung Gesamt-Palästinas in eine römische Provinz endete die jüdische Eigenstaalichkeit. Vespasian erlegte den Juden eine Steuer auf, die eine "katastermäßige" Erfassung der Juden notwendig machte. Folglich mussten sich die Judenchristen entweder zum Judentum bekennen und die Steuer bezahlen oder die Zahlung verweigern und sich zum "Christentum" bekennen. Durch das Bekenntnis zum Christentum fielen sie aber nicht mehr unter den Schutz der *religio licita* des Judentums. Die Befürchtung der Juden, die Sonderrechte dieser *religio licita* zu verlieren, kann als eine Erklärung für antichristliche Ausschreitungen der Juden angesehen werden. Wie auch immer - das Jahr **70** markiert den Zeitpunkt der **formalen Trennung von Christentum und Judentum**.

70-100 Die nach der Zerstörung Jerusalems verfassten **Evangelien** reflektieren sowohl eine antijüdische Haltung der Christen, die den Juden pauschal die Hauptverantwortung für den Tod Jesu gaben, als auch indirekt eine antichristliche Haltung der Juden, die seit dem 1. jüdisch-römischen Krieg in den Christen Abweichler ("Häretiker") sahen.

Die in der Zeit der zweiten Generation der Christen verfassten Evangelien sollten an Stelle der aussterbenden Augenzeugen die Tradition des Christentums schriftlich und verbindlich absichern. Angesichts wachsender Mitgliederzahlen und Gemeinden und dem damit einhergehenden Bedarf einer formalen und einheitlichen Organisation begann sich eine Ämterteilung auszuprägen, die zusammen mit den Evangelien dem jungen Christentum Rückhalt gab. So wurde mit der in den Evangelien nun auch schriftlich niedergelegten Trennung der Christen von den Juden eine Stärkung der christlichen Identität vollzogen.

Auch die Juden grenzten sich in dieser Zeit schriftlich ab:

90 wurde das **18-Bitten-Gebet** der Juden um "Verwünschungen von Ketzern" (*birkat ha minim*) erweitert. Diese richteten sich u.a. gegen Abtrünnige und Ketzer, vor allem die Christen und die römische

Weltmacht, und wünschten deren Untergang. Teile des Gebets lassen eine innerjüdische Ausrichtung erkennen und zielten durch die Abgrenzung vom Christentum und dem Bruch mit den zelotischen Strömungen auf eine Neubestimmung der jüdischen Identität nach der Katastrophe von 70 hin.

111/113 erlitt der **Bischof Ignatius von Antiochia** den Märtyrertod, in dessen Briefen zum ersten Mal die Begriffe "katholische Kirche" und "Christianismos" verwandt wurden. Der Begriff "Christentum" diente von Anfang an der eindeutigen Abgrenzung des Christentums vom Judentum und Griechentum und stand für die zusammenfassende Bezeichnung der Gemeinschaft der Christusgläubigen im Hinblick auf ihre Heilslehre, Lebenspraxis und Anhängerschaft.

111/113 Der Briefwechsel zwischen Kaiser Trajan und Plinius, seinem Statthalter von Bithynien, bekräftigt, dass die Trennung zwischen Juden- und Christentum längst vollzogen wurde und den Römern bekannt war.

2.3.3 Das Verhältnis des Christentums zur römischen Religion und zum römischen Staat

Der politisch-religiöse Gegensatz

Die **Haltung des Römischen Reiches** zum Christentum schwankte in den ersten drei Jahrhunderten zwischen Toleranz und Verfolgung. Die Vorbehalte waren und blieben bis zur Etablierung des Christentums vorwiegend (gesellschafts-)politischer Natur und richteten sich nicht gegen die Religion der Christen als solche. Anfänglich gab es daher von römischer Seite aus kaum einen Anlass für Konflikte zwischen römischem Staat und christlicher Religion.

Der Grund für diese Einstellung der Römer war ihre **Religionsauffassung**:

Im Mittelpunkt der polytheistischen Religion stand seit Augustus der Kaiser und der Kaiserkult. Der Kaiser war für das Staatswohl (*salus publica*) verantwortlich und nahm dabei eine Doppelfunktion als Garant und Mittler ein. Für die erfolgreiche Durchführung dieser Aufgabe benötigte der Kaiser die Unterstützung und das Wohlwollen der Götter. Diese Unterstützung konnte nach der römischen Religionsauffassung durch ein stetes Bitten und Opfern erreicht werden, dafür war es aber notwendig, dass sich alle Einwohner des Römischen Reiches am Staatskult beteiligten und öffentlich den Göttern opferten. Zugleich signalisierten die unter römischer Herrschaft lebenden Menschen mit dem Vollzug des Kaiserkults die Anerkennung der römischen Herrschaft und staatlichen Autorität. Der Kaiserkult hatte sich nämlich im Laufe der Zeit von einem primär symbolischen, staatserhaltenden Ritus zu einem Kult entwickelt, in dem politische und religiöse Elemente miteinander verschmolzen. Daher wurde später nahezu allen Bewohnern des Römischen Reiches der öffentliche Kultvollzug zur Pflicht gemacht. Diese Pflicht stellte aber nur auf den korrekten, äußeren Kultvollzug ab; der Glauben des einzelnen, also seine innere Einstellung, blieb Privatangelegenheit. Dieses Religionsverständnis erklärt, warum es im Römischen Reich keine Zwangsbekehrungen gab, denn letztlich blieben die Götterkulte unter dem "Primat" des Kaiserkults kompatibel. Wenn die römischen Behörden gegen einen Kult oder eine Religion vorgingen, so geschah dies in Folge öffentlicher Aufruhr oder eines Skandals, um die gefährdete öffentliche Ordnung wiederherzustellen.

Folglich blieb das Verhältnis des römischen Staates zur christlichen Religion, die als Strömung des Judentums zunächst die Sonderrechte einer *religio licita* genoss, relativ spannungsfrei. Das lag auch daran, dass die Haltung des römischen Staates gegenüber den Christen lange Zeit unbestimmt blieb. Für diese Haltung gab es einen doppelten Grund: Die Christen wurden zunächst weder als "ernsthafte" Bedrohung angesehen noch als selbstständige Gruppierung außerhalb des Judentums - also als Christentum - wahrgenommen. Vielmehr galt das Christentum in den Augen der Römer lange Zeit als jüdische Sekte. Konsequenterweise wurden die Christen daher geduldet, erhielten aber keinen separaten Rechtsstatus als *religio licita*.

Die ersten Konflikte waren in dieser Hinsicht innerjüdische Konflikte. Der römische Staat griff nur dann ein, wenn die aufgebrachte Bevölkerung beruhigt und Ruhe und Ordnung wiederhergestellt werden musste.

Erst mit dem 3. Jahrhundert war das Christentum zu einer ernst zu nehmenden Bewegung und damit zu einer "Konkurrenz" und Gefahr für den römischen Staat geworden, der zudem in einer längeren Krisenphase besonderen Belastungen ausgesetzt war und daraufhin mit unterschiedlichen, häufig spontanen Maßnahmen bis hin zu reichsweiten Verfolgungen der Christen reagierte.

Derartige Vorgehen gegen die Christen waren jedoch nie religiös begründet, sondern hatten ausschließlich politische bzw. gesellschaftliche Gründe. Sie basierten auf weit verbreiteten Vorwürfen und Vorurteilen wie der Zugehörigkeit der Christen zu einer geheimen, staatsfeindlichen und die moralischen Grundlagen des Staates gefährdenden Organisation.

Die **Haltung des Christentums** zum Römischen Reich lässt sich wie folgt skizzieren:

Das Christentum erhob bereits im Zuge der Heidenmission den Anspruch auf seine universelle Sendung und Ausbreitung bis zu den Grenzen des Reiches und darüber hinaus. Dies erklärt die loyale Haltung der Christen gegenüber dem römischen Staat, denn die Christen erkannten, dass der römische Friede und die römische Ordnung sowie das römische Weltreich insgesamt ein entscheidender Garant für die erfolgreiche Entwicklung und Ausbreitung des Christentums darstellte. Folglich waren die Christen bereit, sich grundsätzlich in die römische Ordnung zu integrieren, für das Wohl des Kaisers zu beten, sich der römischen Gesetzgebung zu unterwerfen und später auch Steuern zu zahlen.

Loyalitätsbekundungen hatte bereits Paulus für den römischen Staat gefordert,[77] und zugleich die Christen ermahnt, sich nicht in die nationale Widerstandsbewegung der orthodoxen Juden hineinziehen zu lassen. Loyalitätsbekundungen für die Römer lassen sich ferner, wie bereits ausgeführt, den Evangelien entnehmen, die die Römer von der Schuld am Tod Jesu freisprechen. Aber auch die gesamte apologetische Literatur des 2. Jahrhunderts ist von Loyalitätsbekundungen des aufstrebenden Christentums durchzogen.

Allerdings schränkte der Monotheismus des Christentums in der Praxis diese Bejahung der römischen Herrschaft und Weltordnung ein und prägte durch die Ablehnung des Kaiserkultes und der traditionellen, polytheistischen Götterordnung das ambivalente Verhalten der Christen.

Diese Ambivalenz lässt sich besonders deutlich mit Hilfe des Kaiserkultes veranschaulichen. Aus einem völlig anderen Religionsverständnis heraus als die Römer beteten die Christen für das Wohl und um den Schutz des Kaisers, lehnten zugleich aber die Staatsgötter und den Kaiserkult ab. Während die Römer nämlich den öffentlichen Opfervollzug als eine formale Handlung betrachteten, sahen die Christen den Opfervollzug als einen religiösen Akt an. Das Hauptproblem lag für die Christen darin begründet, dass die Römer neben ihren Staatsgöttern einen Menschen, den Kaiser, zum *divus* erklärten. Für die Christen gab es aber nur einen wahren Gott. Aus dieser Sicht konnten sie den Kaiser zwar als weltliche Autorität anerkennen, mussten aber konsequenterweise seine religiöse Autorität ablehnen und ihm das Opfer verweigern. Darüber hinaus lehnten die Christen aus ihrem monotheistischen Religionsverständnis heraus die gesamte traditionelle, polytheistische Religionsauffassung der Römer und anderer Nicht-Christen als heidnisch ab. Insofern war es ihnen grundsätzlich nicht möglich, den Staatsgöttern der Römer im Rahmen der staatlichen Kulte und Veranstaltungen zu opfern.

So lag der spätere Konflikt zwischen dem Christentum und dem römischen Staat letzlich in dem unterschiedlichen Religionsverständnis der Christen und Heiden begründet.

Die wichtigsten Stationen der **Entwicklung des politisch-religiösen Gegensatzes** waren folgende:

30 Der **Jesusprozess** bildete rückblickend den Ausgangspunkt der Auseinandersetzung des Christentums mit dem römischen Staat, da der römische Prokurator Pontius Pilatus Jesus als Aufrührer und Landesverräter zum Tod verurteilte.

41 erging die **Warnung des Kaisers Claudius** an die Juden(Christen!) bei ihren überkommenen Lebensformen zu bleiben. Ursache der Unruhen waren die Auseinandersetzungen zwischen Juden und Judenchristen in der jüdischen Gemeinde Roms.

49 erließ **Claudius** das **Judenedikt,** das die Ausweisung von Juden-(Christen!) aus Rom verfügte. Bis zu diesem Zeitpunkt hatten die römischen Behörden die Christen noch nicht als eigenständige, von den Juden losgelöste Gruppe wahrgenommen, sondern betrachteten sie als jüdische Sekte.

60 Paulus bestand als römischer Bürger auf sein Anrecht, einen Prozess in Rom zu erhalten und wurde dorthin überführt.

64 Viele Christen der römischen Judengemeinde - unter ihnen auch Petrus und Paulus - erlitten im Zuge der **neronischen Verfolgung** den Tod als vermeintliche Brandstifter Roms.

70 erließ Vespasian eine **Judensteuer.** Die Christen, die diese Steuer nicht bezahlten, traten aus dem Schutz der *religio licita* als selbstständige Gruppierung losgelöst vom Judentum heraus.

96 kam es im Zusammenhang mit dem Vorgehen des Kaisers **Domitian** gegen politische Gegner zu **regionalen Christenverfolgungen**. Dies macht deutlich, dass die Römer die Trennung der Christen von den Juden wahrgenommen hatten.

111/13 Der **Trajan-Plinius Briefwechsel** ist die älteste überlieferte Urkunde, die die Haltung des römischen Staates gegenüber den Christen veranschaulicht. Sie wurde zur maßgeblichen Rechtsgrundlage für die staatliche Behandlung der Christen in den nachfolgenden Jahrzehnten.

Vorwürfe und Polemik des Heidentums gegenüber dem Christentum

Die **Ursache** der Konfrontation zwischen dem Christentum und dem Römischem Reich lag vor allem im **gesellschaftspolitischen Bereich**:

1. Das Verhalten der Christen unterschied sich von der herkömmlichen antiken Art und Weise, da sie sich in mannigfacher Form von der geistigen und kulturellen antiken Lebensweise distanzierten.

2. Jesus war ein wegen eines politischen Vergehens rechtmäßig verurteilter Verbrecher; folglich lag es nahe, in seinen Anhängern Verbrecher zu sehen.

3. Die Christen lehnten nicht nur die Tempel der Heiden, sondern auch jede Form des Herrscherkultes ab. Zusammen mit einer Reihe zumeist erfundener Vorwürfe, die häufig aus dem Unverständnis der Heiden gegenüber Vorgängen oder Riten in christlichen Gemeinden resultierten, schienen sich so die unter den Römern kursierende Greuelgeschichten zu bestätigen.

Die Christen müssen wohl selbst recht genau gewusst haben worin die Vorurteile und Verdächtigungen der Römer bestanden, waren doch viele von ihnen vom Heidentum zum Christentum übergetreten. Zu den bekanntesten gehört der römische Rechtsanwalt Minucius Felix, von dem ein Religionsgespräch ("Octavius")[78] aus dem Anfang des 3. Jahrhunderts überliefert ist, das am deutlichsten die heidnischen Vorwürfe gegen das Christentum zusammenfasst. Vor allem folgende Vorwürfe wurden demnach von den Heiden gegen die Christen vorgebracht:

- **Gottlosigkeit bzw. Monotheismus**: Die Christen lehnten alle traditionellen heidnischen Götter ab und verurteilten bzw. verboten die Teilnahme an heidnischen Kulten. Ferner erregten ihre "geheimen" Treffen, die nicht in einem Tempel oder einer Synagoge, sondern anfangs häufig in geschlossenen privaten Räumen stattfanden den Verdacht, dass die Christen etwas zu verbergen hätten und es bei ihnen nicht mit rechten Dingen zuginge.

- **Aberglaube** (*superstitio*): Darunter wurden Meditation, Ekstase und moralische Ausschweifungen zusammengefasst, die zum ersten Mal exzessiv beim Bacchuskult im Jahr 138 v. Chr. auftraten und zum Einschreiten der römischen Behörden geführt hatten. Im weiteren Sinne fällt unter diese Verdächtigung auch der Vorwurf der Verehrung merkwürdiger Symbole wie dem Kreuz oder Eseln. Letztlich fußte dieser Vorwurf auf der römischen Vorstellung der Gott- und Religionslosigkeit der Christen, der ihrem schändlichen und verderblichen Aberglauben zu Grunde lag.

- **Staatsfeindlichkeit**: Eine gottlose und abergläubische Gruppierung galt als politisch illoyal und zersetzend. Die Heiden unterstellten daher den Christen Aufruhr und Unruhe auszulösen und zu Verbrechen anzustiften. Dieser Vorwurf war besonders gefährlich, da den Angeklagten im Falle einer Verurteilung die Todesstrafe drohte. Das prominenteste Opfer dieser Anklage war neben Jesus Paulus.

- **Kultische Unzucht** (*flagitia*): z.b. Ehebruch, Inzest, sexuelle Ausschweifungen, Menschenopfer und Ritualmorde, auch an Kindern, sowie Magie. Die Vorwürfe wurden vor allem durch die christliche Eucharistie und die Forderung der Nächstenliebe genährt. Sie waren allerdings viel älter als das Christentum selbst und dienten stets als probates Mittel, um gegen andersdenkende, unliebsame (religiöse) Gruppierungen vorzugehen. So nutzten die Christen diesen Vorwurf später selbst gegenüber christlichen Sekten und Mysterienkulten.

- **Wirtschaftliche Schädigung**: Die Ablehnung von heidnischen Kulten, Zauberei und Wahrsagerei durch die Christen führte zu gravierenden Umsatzrückgängen und zeitweise zu einer Verödung von Tempeln und Kultstätten.

Diese Vorwürfe wurden allgemein im **Menschenhass** (*odium humani generis*)[79] zusammengefasst. Da sich die Christen aufgrund ihrer exklusiven und mit der römischen Religion inkompatiblen Religionsauffassung sowie ihrer Gemeindeorganisation von der heidnischen römischen Umgebung ausschlossen, war dieser vorwiegend politische und moralische Vorwurf im Kontext der römischen Gesellschaft und Lebensführung nicht ganz unberechtigt. Besonders deutlich wird dies angesichts der nahezu vollständigen Ablehnung des öffentlichen Alltagslebens durch die Christen, die selbst öffentlichen Veranstaltungen wie Spielen, Feiern und Festessen oder –märschen fernblieben, wenn diese mit den römischen Staatskulten verbunden waren. Und dies war häufig der Fall, war doch das öffentliche Leben eng mit den öffentlichen Kulten verflochten. Gerade eine derartige alltägliche Absonderung begründete und untermauerte das von den Römern angeprangerte Anderssein der Christen und führte in den ersten zweieinhalb Jahrhunderten vor allem in Not- und Krisenzeiten zu regionalen Ausschreitungen durch eine aufgeputschte Volksmenge. Diese zumeist spontanen Reaktionen wurden häufig von den römischen Behörden geduldet oder sogar unterstützt. Anders als die Juden, denen Sonderrechte und eigene Riten und Gesetze zugebilligt wurden, weil sie als geschlossene nationale Gruppe offiziell legitimiert waren, traf die Christen der Vorwurf der Misanthropie umso stärker, als sie ohne Sonderstatus mitten unter den Römern lebten. Von ihnen erwarteten die Römer besondere Integrationsbemühungen, zumal viele Christen vorher Heiden gewesen waren und das römische Bürgerrecht besaßen. Letztlich brachten nicht die Taten, sondern die durch sie in der heidnischen Bevölkerung ausgelösten Unruhen die Christen als Feinde der öffentlichen Ordnung in Konflikt mit dem römischen Staat.

3. Der Konflikt des Christentums mit dem Römischen Reich

Der Anfang aller Konfrontationen zwischen der römischen Bevölkerung und dem römischen Staat einerseits und den Christen andererseits lag im alltäglichen gesellschaftlichen Bereich, der sich auf die politische Sphäre auswirkte. Die oben dargestellten Vorurteile und Vorwürfe mündeten in vereinzelten lokalen Ausschreitungen der Bevölkerung gegen die zunehmend als staats- und gesellschaftsfeindlich angesehenen Christen. Durch die so entstandenen Unruhen sahen sich die Behörden gezwungen, dem Druck der Bevölkerung nachzugeben und gegen die Christen vorzugehen oder Regelungen zu finden, die eine schnelle und dauerhafte Wiederherstellung und Aufrechterhaltung der Ruhe und Ordnung gewährleisteten.

Die erst allmählich und keineswegs kontinuierlich an Häufigkeit und Intensität zunehmenden Konflikte der Christen mit dem römischen Staat lassen sich in zwei Phasen und eine sie verbindende Übergangszeit gliedern:

1. Die Phase der **staatlichen Maßnahmen** begann in der Zeit des Jesus-Prozesses (30) und reichte bis zur ersten reichsweiten Regelung für die Behandlung der Christen unter Trajan (111/113). Die staatlichen Maßnahmen blieben in dieser Zeit lokal begrenzt und gingen zumeist von einer aufgebrachten Bevölkerung aus, während die Kaiser und die staatlichen Behörden die Christen überwiegend ignorierten und erst auf Unruhen in der Bevölkerung reagierten.

Die Zeit zwischen dieser und der nachfolgenden Phase, also zwischen dem Reskript des Kaisers Trajan (111/113) und den Verfolgungen unter Decius (249), kann als **Übergangszeit** angesehen werden. Die kaiserliche Politik und die Verfahrensweise der römischen Behörden im Umgang mit den Christen waren in dieser Zeit zunächst maßgeblich von dem Reskript des Trajan bestimmt, so dass das Christentum in dieser überwiegend friedlichen Periode Freiräume für seine Ausbreitung und die Ausbildung einer straffen Organisation nutzen konnte.

2. Die Phase der reichsweiten und systematischen staatlichen **Verfolgungen**, die auf die Vernichtung der christlichen Organisation, ihrer Institutionen und Repräsentanten abzielten, erstreckten sich - unter-

brochen von Perioden der Toleranz und Duldung - von den ersten Verfolgungen unter Decius (249) bis zu Diocletian (305/311).

Der Aufstieg und die Herrschaft Konstantins I. (311-337) bedeutete das reichsweite Ende der Verfolgungen und die staatliche Anerkennung des Christentums. Auch ein letzter von Julian (361-63) unternommener Versuch, die Stellung der christlichen Kirche zu erschüttern, blieb erfolglos.

Die christliche Tradition nennt in der Zeit von der Urgemeinde (ab 30) bis zu Decius (249) 10 bzw. 7 Verfolgungen, die jeweils mit der Herrschaft und dem Namen eines Kaisers verbunden sind. Diese auf Melitos von Sardes und Tertullian zurückgehende apologetische Geschichtsschreibung hat sich im Westen des Römischen Reiches trotz der Einwände des Kirchenhistorikers Eusebios von Caesarea und Laktanz, die nur 4 bzw. 2 Verfolgungen nennen, durchgesetzt.

Die Verwendung des Begriffes "Verfolgung" ist nicht unproblematisch, da mit ihm ein implizites Werturteil verbunden ist. Sieht man von dem Werturteil einmal ab, so können unter Verfolgungen umfassende, organisierte, überregionale und durch den Staat unterstützte oder veranlasste Zwangsmaßnahmen gegen die Christen verstanden werden. In diesem Sinne wird nachfolgend der Begriff Verfolgungen verstanden und den spontanen, begrenzten, nicht organisierten (Einzel-)Maßnahmen des Staates gegen Christen, die vorwiegend durch Unruhen in der Bevölkerung ausgelöst wurden, entgegengestellt.

Im Rahmen dieser Auffassung lassen sich drei Verfolgungen identifizieren, die jeweils mit der Person eines Kaiser - Decius, Valerian, Diocletian - verknüpft werden können. Sie erstrecken sich in der Zeit von der Mitte des 3. Jahrhunderts bis zum Anfang des 4. Jahrhunderts. Im 1. und 2. Jahrhundert finden dagegen keine systematischen, reichsweiten Christenverfolgungen statt.

Unabhängig von diesen Überlegungen spiegelt die christliche Literatur deutlich den prägenden Einfluss des Konflikts zwischen dem Römischem Reich und dem Christentum wider, der maßgeblich das Selbstverständnis und die Struktur des Christentums geformt hat. So lässt sich aus den christlichen Quellen der Eindruck gewinnen, dass die staatlichen Maßnahmen und Verfolgungen eine erhebliche Intensität und Dauer erreichten und die Christen demzufolge eine enorme Zahl von Opfern zu beklagen hatten. Die Betrachtung der ersten vier Jahr-hunderte des Christentums unter Einbeziehung nicht-christlicher Quellen zeigt aber, dass sowohl die Anzahl der Ausschreitungen als auch die Zahl der Opfer im Vergleich zu der christlichen Darstellung eher gering einzuschätzen sind. Das lag vor allem daran, dass der Staat vorwiegend reagierte und nur in Einzelfällen agierte, und dass die Christen weitaus stärker bemüht waren, sich in den römischen Staat und die Gesellschaft zu integrieren, als die christlichen Quellen und ihre Darstellung der Märtyrertode glauben machen wollen.

3.1 Staatliche Maßnahmen gegen das Christentum

Grundlage der Maßnahmen des römischen Staates gegen die Christen war die *coercitia*. Die *coercitia* stattete römische Beamte wie Statthalter oder Magistratsbeamte mit einem äußerst breiten Handlungsspielraum aus, d.h. mit dem Recht, die öffentliche Interessenvertretung im Namen des römischen Volkes auszuüben. Die weit gefassten Befugnisse reichten - ohne durch einen Prozess oder eine Zeugenbefragung eingeschränkt zu sein - bis hin zur Verhängung von Strafen wie Haft, Vermögensentzug und der Todesstrafe. Die *coercitia* stellte wahrscheinlich für das gesamte 1. Jahrhundert die **Rechts- und Verfahrensgrundlage staatlicher Maßnahmen** gegen die Christen dar. Wenn also ein römischer Bürger einen Christen wegen eines Vergehens wie der *flagitia*, *superstitio* oder Störung der öffentlichen Ordnung anklagte, ergriffen die römischen Beamten im Namen des römischen Volkes diejenigen Maßnahmen, die dem Interesse des Volkes und Staates gerecht wurden.

Im Großen und Ganzen hing die Lage des Christentums von der Haltung der Kaiser und der lokalen Behörden ab. Regional unterschiedliche Regelungen und Behandlungen der Christen waren die Folge, so dass das Verhältnis von Christentum und römischem Staat im Allgemeinen durch Rechtsunsicherheit geprägt war.

Erste Maßnahmen (30-64)

Die ersten Maßnahmen des römischen Staates richteten sich gegen jüdische Unruheherde und dienten der Wiederherstellung von Ruhe und Ordnung. Die Unruhen wurden durch Christen innerhalb der jüdischen Gemeinden ausgelöst, die von den römischen Behörden jedoch nicht als solche erkannt wurden. In ihren Augen handelte es sich um innerjüdische Angelegenheiten, in die sich der römische Staat traditionell nicht einmischte. In den Jahren nach 30 wurde so bei

Jesus und Stephanus sowie bei den Maßnahmen des Claudius ge-gen die jüdische Gemeinde in Rom verfahren.

Nero (64)

Zur Zeit des **Brandes in Rom**[80] **im Jahr 64**, der zehn der insgesamt vierzehn Wohnbezirke der Innenstadt vernichtete, war die Existenz einer selbstständigen "christlichen" Gemeinde in der Stadt Rom durchaus bekannt. Allgemein wurde bisher angenommen, dass Nero die Schuld am Brand Roms den Christen im Rahmen der in der Bevölkerung verbreiteten christenfeindlichen Stimmung zuwies, um sich dadurch selbst von dem Verdacht der Brandstiftung zu befreien. So wurden die Christen als Brandstifter angeklagt und mit den für dieses Verbrechen festgesetzten Strafen verurteilt und vielfach be-sonders grausam hingerichtet.

Während der neronischen Maßnahmen gegen die Christen sollen auch Petrus und Paulus getötet worden sein. Diese spontanen Aus-schreitungen gegen die Christen blieben eine im Zusammenhang mit der Brandkatastrophe begrenzte Einzelaktion. Bis zum Beginn der Regierungszeit des Kaisers Domitian (96) sind keine weiteren Aus-schreitungen überliefert.

Rechtsgrundlage für die Verurteilung der Christen war kein speziel-les Gesetz, sondern vielmehr die Wahrung des öffentlichen Interes-ses, des Allgemeinnutzes (*utilitate publica*). Um das öffentliche Interes-se wahren zu können, konnte der Staat Maßnahmen im Rahmen der *coercitia* ergreifen und so gegen die Christen vorgehen, die erstmals als Gruppierung kriminalisiert wurden.

Ob Nero tatsächlich der Brandstifter Roms und der Verantwortliche für die Ausschreitungen gegen die Christen war, erscheint heutzutage höchst zweifelhaft. In der neueren Forschung gilt Nero vielmehr als philosophischer Kunstliebhaber, denn als pragmatischer Machtpoliti-ker. Die christliche Geschichtsschreibung stellte Nero dagegen als den ersten Kaiser heraus, der einen Befehl zur Verfolgung von Chris-ten gegeben hat[81] und schuf damit die Legende von Nero, dem Brandstifter Roms und Begründer der Christenverfolgung.

Als Rechtsgrundlage der staatlichen Verfolgung soll den christlichen Quellen zufolge von Nero eine spezielle Einrichtung, das *institutum neronianum*, geschaffen worden sein. Das nur bei Tertullian überlie-ferte *institutum neronianum*[82] kann aber nicht nur als ein spezielles Gesetz zur Christenverfolgung, sondern auch als eine besondere For-mulierung Tertullians interpretiert werden. Das würde bedeuten, dass

Tertullian besonders herausheben wollte, dass mit Nero eine Zeit begann, in der Christen häufig verurteilt wurden. Trifft dies zu, dann wären die Christen unter Nero nicht als Brandstifter verurteilt worden, sondern als eine aufgrund ihres Glaubens staatsfeindliche, verbrecherische Gruppierung, für deren Verurteilung ein neues Gesetz nicht notwendig war, denn die *coercitia* reichte als Rechtsgrundlage völlig aus. In der folgenden Zeit kann sich aus dieser Verfahrensweise eine pauschale Verurteilung entwickelt haben, die allein auf dem Christsein bzw. dem Bekenntnis ein Christ zu sein beruhte. Aus der noch darzustellenden Anfrage des Statthalters Plinius bei Kaiser Trajan (111/112) lässt sich schließen, dass solch ein Verfahren üblich geworden war.

Domitian (um 96)

Besonders zum Ende der Regierungszeit Domitians, der sich seit 85 offiziell "Herr und Gott" (*dominus et divus*) nannte und damit einen Anspruch auf seine Vergöttlichung zu Lebzeiten erhob, nahmen misstrauische Kontrollen und die brutale Ausschaltung jedweder potentieller politischer und religiöser Oppositionsgruppen zu. Gleichzeitig kam es zu einer verstärkten staatlichen Hinwendung zu heidnischen Religionen - wie unter allen flavischen Kaisern -, die mit Forderungen besonderer religiöser Loyalitätsbeweise verbunden waren.

Einen Höhepunkt erreichten die Gewaltmaßnahmen mit den **regionalen Christenverfolgungen im Jahr 96**, die in Form von Einzelaktionen lokaler Behörden in Rom und Kleinasien im Zusammenhang mit dem allgemeinen Terror und dem Vorgehen des Kaisers gegen politische Gegner durchgeführt wurden.

Die Christen waren seit ihrer Trennung vom Judentum in einer gefährdeten Lage, da sie mit dem Heraustreten aus dem Schutz der *religio licita* ihre Sonderrechte verloren hatten und somit zu einer illegalen Gruppierung geworden waren. Während die Juden durch ihre Sonderrechte vom Kaiserkult ausgenommen blieben, mussten die Christen den Loyalitätsbekundungen nachkommen.

Letztlich blieb die **Rechtsgrundlage** für die staatlichen Maßnahmen gegen die Christen vage und unklar. Zwar fußten die Verurteilungen neben der Ablehnung gegen den Kaiserkult auf der Grundlage der *coercitia*, diese grenzte aber mit ihrem breiten Interpretationsspielraum an Willkür. In einer Zeit, in der es vermehrt zu Christenprozessen kam, fehlte somit ein konkretes Gesetz, das den Straftatbestand eines religiösen Verbrechens - des Christseins - definierte und die Verurteilung der Christen regelte und vereinfachte.

Zusammenfassend lässt sich festhalten, dass unter Domitian zwei Entwicklungen zusammentrafen: Die Christen traten für weite Kreise der römischen Bevölkerung sichtbar aus dem Schutz des Judentums hervor und formten eine eigenständige Gruppierung. Gleichzeitig bildete sich durch die verstärkte Zuwendung zu heidnischen Religionen ein Konfliktpotential heraus, das vermehrt staatliche Maßnahmen gegen Christen nach sich zog und infolgedessen der gesetzliche Regelungsbedarf wuchs.

Trajan-Pliniusbriefe (111/112) - die Rechtsgrundlage

Der Trajan-Pliniusbriefwechsel ist die erste amtliche römische Berichterstattung über die Christen und zugleich die erste amtliche, kaiserliche Regelung für das rechtliche Verfahren mit den Christen.

Plinius hatte als Statthalter von Bithynien (etwa 111-113) in seinem zweiten Amtsjahr die Aufgabe, in einer wachsenden Zahl von Christenprozessen Urteile zu fällen. Das lag daran, dass sich in seiner Provinz die Christen bereits weit verbreitet hatten und durch sie die öffentliche Ruhe und Ordnung spürbar gestört war. Die Verurteilungen von Christen wurde - wie bereits erwähnt - nicht auf der Grundlage spezifischer gesetzlicher Vorschriften und Verfahrensnormen durchgeführt, sondern im Rahmen des weitgefassten Interessenschutzes des römischen Volkes. Angesichts der verbreiteten und zunehmenden christenfeindlichen Stimmung, die sich in Ausschreitungen und Denunziationen entlud, sah Plinius grundsätzlich einen **rechtlichen Regelungsbedarf**. Zudem stellte sich ihm die Grundsatzfrage, wie die Christen zukünftig zu behandeln seien. Bisher hatte Plinius so wie vermutlich auch andere Statthalter verfahren. Er ließ Christen verurteilen oder hinrichten, wenn sie in seinem Machtbereich die öffentliche Ordnung gefährdeten. Für ein Todesurteil reichte bereits das Christen-Bekenntnis (*nomen christianum*) aus. Allerdings war Plinius angesichts der großen Zahl der Christen nicht nur um ihre Bestrafung bemüht, sondern vielmehr um ihre Reintegration in den römischen Staat, denn unter ihnen befanden sich auch zahlreiche "abgeirrte" römische Staatsbürger.

Angesichts dieser komplexen Lage und dem sich daraus ergebenden Handlungsbedarf schrieb Plinius im Jahr 111/112 an den Kaiser Trajan einen amtlichen Brief (Plinius Epist. X 96), in dem er sich erkundigte, ob seine bisherige Verfahrensweise korrekt gewesen sei und wie zukünftig mit den Christen verfahren werden solle. Insbesondere stellte Plinius Trajan die Frage, inwiefern Alters- und Geschlechtsunterschiede, das Abfallen vom Christsein und ihr Aberglaube ohne eine Verbindung mit einem tatsächlich begangenen Verbrechen bei einer Verurteilung zu berücksichtigen seien.

Trajan sanktionierte in seiner Antwort die Verfahrensweise des Plinius, präzisierte aber in seinem Reskript (Plinius Epist X 97) **Verfahrensnormen**, die das Verhältnis des Staates zu den Christen klaren Bedingungen unterwarfen. Diese waren zunächst nur als Antwort auf die Anfrage, d.h. als Anweisung und Richtlinie, nicht aber als allgemein gültige Regelung mit Gesetzescharakter, gedacht. Die Verfahrensnormen sahen vor:

1. Jede staatliche Initiative Christen aufzuspüren wird unterbunden. Solange die öffentliche Ordnung nicht bedroht ist, verhält sich der römische Staat gegenüber den Christen tolerant.

2. Von Privatpersonen angezeigte und vorgeführte Christen, die sich dazu bekennen Christ zu sein, sind zu bestrafen. Die Initiative lag demnach bei der Bevölkerung; anders ausgedrückt galt die Regel: wo kein Kläger, da kein Richter.

3. Behauptet der Angeklagte, kein Christ zu sein oder nicht mehr zu sein, so hat er das Opfer für die römischen Götter zu vollziehen und geht dann straffrei aus. Das Opfergebot, das die abgeirrten Christen wieder in die römische Gesellschaft und Ordnung integrieren sollte, wird damit zum konstitutiven Bestandteil aller Christenprozesse.

4. Anonyme Anzeigen sind nicht zugelassen. Denunziationen werden von Trajan ausgeschlossen und die coercitia durch ein geordnetes Gerichtsverfahren abgelöst.

Diese Regelung Trajans machte für die praktische Verfahrensweise mit den Christen zunächst keinen qualitativen Unterschied, da das Christen-Bekenntnis als Hinrichtungsgrund ausreichte. Das Christsein war im Römischen Reich nach wie vor untrennbar mit der Staatsfeindlichkeit verbunden. Das qualitativ Neue an der kaiserlichen Regelung war jedoch, dass das Christsein von nun an auf dem Amtsweg in einer spezifischen kaiserlichen Anordnung als Straftatbestand festgesetzt war. Das in den Provinzen übliche Verfahren, das Bekenntnis zum Christentum als ausreichenden Straftatbestand anzusehen, wurde nun erstmals vom Kaiser in einem amtlichen Schreiben zur Rechtsgrundlage und Richtlinie erhoben. Bis zu Kaiser Decius (250) änderte sich an dieser Maxime staatlichen Handelns kaum etwas.

Rechtlich gesehen barg die von Trajan angeordnete Verfahrenspraxis einen grundlegenden Widerspruch: Einerseits wurden Christen, die sich zu ihrem Glauben bekannten als überführte Verbrecher von den Behörden bestraft. Andererseits war es den Behörden nicht erlaubt, aus eigener Initiative die staatsfeindlichen Christen aufzuspüren. Diese inkonsequente Behandlung der Christen war vermutlich das Ergebnis eines Wahrnehmungswandels. Der Trajan-Plinius-Briefwechsel zeigt nämlich, dass die Trennung zwischen Juden- und Christentum auch auf staatlicher Ebene längst vollzogen worden war. Mit anderen Worten: Dem römischen Staat wird vermutlich zunehmend bewusst geworden sein, dass es sich bei dem Konflikt mit den Christen und den ihnen zur Last gelegten Taten primär um gesellschaftlich-religiöse und weniger um politisch-rechtliche Auseinandersetzungen handelte. Angesichts der polytheistischen Religionsauffassung der Römer und ihrer Praxis, religiösen und "nationalen" Gruppierungen eine innere Selbstverwaltung zuzugestehen, wurde aufgrund der großen Zahl der nicht mehr zu ignorierenden Christen ihre Integration in das religiöse und wirtschaftliches Leben angestrebt. Auf diese Weise konnte die öffentliche Ordnung eher aufrechterhalten werden als bei einer staatlich organisierten Verfolgung.

Die Verfahrensweise des Kaisers Trajan und seiner Nachfolger kann insofern als relativ tolerant beurteilt werden, als sie staatliche Verfolgungen Andersdenkender und Religionsprozesse zu vermeiden suchte. Einschränkend muss aber konstatiert werden, dass mit dem Trajan-Reskript die staatliche Unterdrückung einer Religion sanktioniert und entgegen aller römischen Tradition der Kultvollzug der staatlichen Religion erzwungen wurde. Der Ausweg, das Christen-Bekenntnis als Verbrechen zu behandeln, die Christen aber nicht durch staatliche Behörden verfolgen zu lassen, wurzelt letztlich in der Inkompatibilität der Religionsauffassungen und -konzeptionen der heidnischen Römer und der Christen.

Auslöser des Konflikts waren im Grunde genommen nicht die Taten der Christen, sondern die durch ihre Andersartigkeit in der heidnischen Bevölkerung ausgelösten Unruhen. Christen wurden daher nur dann als Verbrecher verurteilt, wenn dies zur Beruhigung einer aufgebrachten Volksmenge nötig war. Das Ausmaß der Macht einer solchen Volksmenge, das sich z.B. in direktem Druck auf den Vorsitzenden eines Christenprozesses zeigen konnte, kommt in den Märtyrerakten deutlich zum Ausdruck. Um dieser zuweilen populistischen Willkür entgegenzuwirken, hat **Kaiser Hadrian (117-138)** in einem Schreiben an den Prokonsul der Provinz Asia, Minucius Fundanus im Jahr 124/45, die Verfahrensnormen Trajans erweitert. In dem Reskript, dessen Authentizität umstritten ist, mahnte Hadrian die Grundsätze römischer Gerichtsverfahren einzuhalten und Denunziationen und unbegründete Anklagen einer aufgebrachten Volksmenge bei Gericht nicht zu zulassen. Das bedeutete, dass Anklagen fortan vor Gericht nur durch einen persönlich auftretenden Ankläger vorgebracht werden konnten, dass das Gericht einen Verstoß gegen Gesetze nachweisen musste, und dass das Strafmaß sich nach der Schwere des Verbrechens richten musste.

Übergangsphase - vom 2. zum 3. Jahrhundert

In der Regierungszeit des bereits erwähnten Kaisers **Hadrian** und dessen Nachfolger **Antonius Pius (138-161)** kam es in Folge öffentlichen Drucks zu vereinzelten Maßnahmen und Ausschreitungen gegen Christen. Ein proaktives Vorgehen der Behörden ist aber anders als bei dem Martyrium des Bischofs Polykarp von Smyrna (um 160?) nicht überliefert. Beide Kaiser orientierten sich wahrscheinlich eng an der Richtlinie Trajans, so dass die Lage für das Christentum insgesamt als überwiegend günstig beurteilt werden kann.

In der Zeit von 161 bis 192 schlugen die Kaiser Marc Aurel und Commodus dagegen einen schärferen Kurs gegen die Christen ein. So kam es zu größeren Ausschreitungen und einer Reihe lokaler Prozesse mit Todesurteilen gegen Christen, die nach wie vor nicht Ergebnis staatlich angeordneter Maßnahmen waren, sondern Folge des Druckes der Bevölkerung. Diese machte in einer Zeit, in der das Römische Reich durch Katastrophen heimgesucht wurde die staatsfeindlichen und vermeintlich gottlosen Christen zum Sündenbock und für den Ausbruch der Pest und von Hungersnöten verantwortlich.

Das Römische Reich befand sich in einem dauerhaften Kriegszustand, seine Grenzen und die Stabilität des Reiches waren durch Einfälle und Aufstände bedroht. Hinzu kamen Naturkatastrophen, schwere Finanz- und Wirtschaftskrisen und eine gesellschaftspolitische Krise, die die sozialen Strukturen der römischen Gesellschaft grundlegend veränderte. Die katastrophale Lage, die sich durch eine Schwäche der Kaiser und des Staates, dem Verfall von politischer, rechtlicher und gesellschaftlicher Stabilität und dem Niedergang der Wertevorstellungen zu einer Krise des 3. Jahrhunderts ausweitete, wurde als Zeichen des Götterzorns interpretiert. Dies hatte einen religiösen und nationalen Fanatismus zur Folge, der eine Intensivierung der römischen Kulte forderte. Im Zuge dieser Renaissance der traditionellen römischen Religion nahm die christenfeindliche Stimmung in der Bevölkerung zu. Verschärfend wirkte sich auch die ständig zunehmende Größe und Festigung der Organisation des Christentums aus. Um den genannten Vorurteilen und schriftlichen Angriffen entgegenzuwirken, verfassten die Christen Verteidigungsschriften (Apologien), in denen sie den Heiden die wahre christliche Lehre näherzubringen suchten.

Marc Aurel (161-180)

Angesichts dieser schwierigen Lage versuchte Kaiser Marc Aurel in seiner Religionspolitik die Götterkulte und die Staatsreligion neu zu beleben. Für das Wohl des Staates war demnach ein Einfügen in diese neue Religionspolitik unabdingbar. Diejenigen, die sich wie die Christen nicht einfügten, wurden als Staatsfeinde bestraft oder beseitigt. In diesen Zusammenhang sind die um 165 erfolgte Hinrichtung Justins in Rom und die Christenprogrome in Vienne und Lyon einzuordnen. Gleiches gilt für das kaiserliche Reskript von 176/77, das angesichts des unkontrollierten Wildwuchses staatsfremder Kulte die Einführung neuer Kulte verbot.

Commodus (180-192)

Einen Versuch der Neuorientierung der römischen Religion unternahm Commodus mit dem Ziel, vorwiegend orientalische Strömungen in den traditionellen römischen Staatskult zu integrieren und diesem dadurch eine Vormachtstellung zu geben. Unter Commodus wechselten sich Toleranz und Strenge der staatlichen Maßnahmen ab; ausschlaggebend war dabei die lokale Lage und der Handlungsdruck, der auf den Behörden lastete. In rechtlicher Hinsicht endete mit Commodus die Zeit des theoretischen Verbotes und der praktischen Freiheit des Christentums. Dies änderte sich mit den auf Commodus folgenden Severern durch zahlreiche Erlasse.

Septimus Severus (193-211)

Die Regierungszeit des Septimus Severus, dem ersten Kaiser der orientalisch ausgerichteten Severer, trägt hinsichtlich seiner Religionspolitik ambivalente Züge. Einerseits fallen Martyrien und Ausschreitungen gegen Christen z.b. im Jahr 202/03 in Alexandria und Karthago in seine Amtszeit; andererseits kommt es durch synkretistische und liberale Strömungen zu intensiven Kontakten zwischen dem kaiserlichen Hof und christlichen Theologen. Der möglicherweise als christliche Fälschung anzusehende Erlass von Septimus Severus, der um das Jahr 202 einen Übertritt zum Christentum oder zum Judentum unter schwere Strafe stellte, kann als eine Art "Religionsstop" interpretiert werden.

Es ist denkbar, dass Severus mit diesem Erlass das Bestreben einiger christlicher und orientalischer Sekten neue Anhänger zu gewinnen und sich so - in einer Zeit der Schwäche des Römischen Reiches - auszubreiten, verhindern wollte. Im Rahmen einer Neuorientierung der Religionspolitik dienten diese Maßnahmen - wie bereits unter Commodus - letztlich der Überwindung des religiösen Pluralismus.

In der folgenden Zeit (211-235) drangen unter den syrischen Kaisern Caracalla, Elagabal und Alexander Severus orientalische Kulte, die eine besondere Anziehungskraft auf die Bewohner des Römischen Reiches ausübten und wie der Mithraskult und der Sonnenkult zu einer echten Konkurrenz für das Christentum und die altrömischen Gottheiten wurden, vom Orient in den Westen vor. Das Potential dieser Kulte lag in ihrer henotheistischen Ausrichtung, d.h. in der Hingabe ihrer Anhänger an einen Gott bei Duldung anderer Götter. Sie waren geeignet, alle bestehenden Kulte unter der Vormachtstellung eines favorisierten Kultes zusammenzuführen.

Caracalla (212/13)

Möglicherweise hängt die Ausdehnung des römischen Bürgerrechtes auf alle Reichsbürger durch die *constitutio antoniana* (212/13) unter Kaiser **Caracalla** wie auch die Zentralisierung des Staatsrechts mit religiösen Zentralisierungsbemühungen zusammen. Die Ausweitung des Bürgerrechts ist diesbezüglich in zweierlei Hinsicht von Bedeutung:

1. Das Konfliktpotential kann durch die Erweiterung der Rechte und vor allem der Pflichten für die Christen angestiegen sein, da

diese nun verstärkt den römischen Bürgerpflichten wie dem Kaiserkult nachkommen mussten.

2. Die Form der staatlichen Maßnahmen gegen Christen musste sich verändern, denn durch den Besitz des Bürgerrechts hatten die Christen ein Anrecht auf einen ordentlichen Prozess. Wollten die Behörden gegen Christen vorgehen, reichte nun zur Verhängung von Kapitalstrafen das Christsein allein nicht mehr aus.

Infolgedessen wurden die Maßnahmen des römischen Staates gegen die Christen ab der Mitte des 3. Jahrhunderts durch eine gesetzliche Regelung - in der Regel ein Edikt - abgestützt. Diese Regelungen führten über eine Organisation und Ausweitung der Maßnahmen zu reichsweiten Verfolgungen.

Die Christen waren bis dahin als Bürger in das Römische Reich integriert und konnten in der Öffentlichkeit überwiegend frei auftreten. Ein Verbergen - z.b. hinter Symbolen wie dem Fisch - war nicht mehr notwendig. Praktisch war das Christentum zu einer erlaubten Religion geworden und konnte sich vor allem unter der Landbevölkerung ausbreiten, aber auch Anhänger aus der Oberschicht bis hin zum Kaiserhof gewinnen. Dennoch haben die Christen zu dieser Zeit nicht mehr als etwa 5% der Gesamtbevölkerung ausgemacht.

Das Verhalten des römischen Staates bleibt in der Übergangsphase ambivalent. Trotz dieser zeitweisen Liberalisierung des staatlichen Umgangs mit den Christen deutet sich bereits ein Wandel der staatlichen Religionspolitik von einer Duldung und einem nur exemplarischen Vorgehen gegen Christen zu einer auf alle Christen abzielenden organisierten Verfolgungspolitik an. Der Übergangsphase kommt deshalb eine besondere Bedeutung zu.

Chronologischer Überblick
über die ersten staatlichen Maßnahmen und die Übergangsphase

Erste staatliche Maßnahmen:

30 Prozess und Tod Jesu.

41 ergeht die Warnung des Kaisers Claudius an die jüdische Gemeinde in Rom.

49 erlässt er sein Judenedikt.

64 werden unter Nero Maßnahmen gegen Christen erlassen und einige unter dem Vorwurf der Brandstiftung hingerichtet.

96 erleiden die Christen unter Domitian Martyrien und lokale Ausschreitungen in Kleinasien und Rom.

111/12 regelt das Reskript des Trajan das Verfahren in Christenprozessen.

Übergangsphase:

176/77 verbietet Marc Aurel in einer schweren Krisenzeit des Römischen Reiches die Einführung neuer Kulte.

202 erlässt Septimus Severus einen "Religionsstop" und versucht eine Neuorientierung der Religionspolitik.

212/13 weitet Caracalla das Bürgerrecht aus und beginnt eine staatsrechtliche und henotheistische Zentralisation.

Maximinus Thrax (235-238)

Maximinus Thrax, der erste aus der Reihe der "Soldatenkaiser", geht zu einer aktiven Verfolgungspolitik der Christen über. Seine Anweisung die Kirchenführung auszuschalten, wirkte sich nur in einigen Regionen lokal begrenzt aus. Hinzu kommen in seiner Amtszeit die "üblichen" Ausschreitungen gegen Christen in Folge von Volkserhebungen - wie nach einer Erdbebenkatastrophe in Kappadokien -, aber auch Ausschreitungen gegen Juden in Alexandria.

Thrax wird sich als Erster der altrömischen Tradition wieder bewusst und beschreitet in der schwierigen Lage des Reiches gezielt den Weg zu einem absolutistisch und zentralistisch regierten Verwaltungsstaat, wie auch die Soldatenkaiser nach ihm.

3.2 Die Verfolgungen

Die Lage des Römischen Reiches, die sich stets auf das Verhältnis von Staat und Christentum auswirkte, kann um die Mitte des 3. Jahrhunderts wie folgt charakterisiert werden:

- Der Bevölkerung und den Behörden des Römischen Reiches wurde bewusst, dass die Christen in nahezu allen Provinzen und gesellschaftlichen Schichten sowie im Staatsdienst - vor allem in der Verwaltung und im Militär - präsent waren. Ausschlaggebend dafür war vor allem die zunehmende Attraktivität des Christentums, das in der ersten Hälfte des 3. Jahrhunderts erstmals vermehrt Anhänger in der Oberschicht gewinnen konnte.

- Das Christentum bildete in der ersten Hälfte des 3. Jahrhunderts in Anlehnung an die Verwaltungsstruktur des Römischen Reiches eine differenzierte Kirchenorganisation aus, die in einer hierarchischen Ordnung mit Ämterteilung von den Bischöfen bis zu den Gemeinden in allen Provinzen sichtbar wurde.

- Während das Christentum sich im 3. Jahrhundert ausbreitete und eine festgefügte Organisation entwickelte, war die äußere und innere Lage des Römischen Reiches instabil. Beispielhaft zeigen dies die dreißig Kaiser, die zwischen 235 und 284 im Kampf um die Herrschaft standen. Die desolate Lage des Reiches wurde von den Kaisern und der Bevölkerung als Vernachlässigung der Götter gedeutet, die auf den Abfall von dem Brauch der Vorfahren (mos maiorum) zurückgeführt wurde.

- Infolgedessen verfolgten die Kaiser eine zunehmend restaurative Religionspolitik: Die von ihnen geförderte Belebung der Staatskulte und ihr Bemühen, die gesamte Bevölkerung zur Einhaltung und Pflege der traditionellen Riten und Götterkulte zu bewegen, kam in der Intensivierung des Kaiserkultes zum Ausdruck. Zugleich wurde mit dieser Religionspolitik die Unvereinbarkeit der römischen Staatskulte mit dem Christentum sichtbar.

Die 1000-Jahr-Feier der Gründung Roms im Jahr 247 mit ihren nostalgisch-fundamentalistischen Begleiterscheinungen verdeutlicht diese Renaissance des römischen Staats- und Kaiserkultes. Folge dieser Entwicklungen war eine anfangs überwiegend tolerante Haltung des römischen Staates gegenüber dem Christentum, allerdings mehrten sich in der ersten Hälfte des 3. Jahrhunderts die Alarmzeichen, die auf eine Verschärfung des Konfliktes hindeuteten. Der Konflikt brach in der Mitte des 3. Jahrhunderts mit **systematischen, reichsweiten und staatlich organisierten Christenverfolgungen** aus.

Decius - 1. Verfolgung (250)

Die christliche Darstellung schildert Decius (249-251) als einen Kaiser, der vor allem durch die Ausschaltung der Führungsspitze des Christentums, daneben aber auch durch die Hinrichtung gläubiger Christen, das Christentum auszurotten suchte. Diese Sichtweise gilt es insofern zu korrigieren, als Decius mit seiner Religionspolitik und durch eine allgemeine Intensivierung und Wiederbelebung der öffentlichen Religionsausübung die entstandene Lücke zwischen Staats- und Kultvolk schließen wollte, d.h. den römischen Göttern einen reichsweiten Loyalitätsbeweis erbringen wollte. Auf diese Weise erhoffte sich Decius die Unterstützung der Götter des Römischen Reiches zu sichern und dem Reich und seiner Herrschaft in einer Krisenzeit Stabilität und Prosperität zu verleihen. Eine derartige Vorgehensweise war nicht abwegig, da die römische Gesellschaft in der vernachlässigten Verehrung der Götter eine Erklärung für die Schwäche des Römischen Reiches sah. Grundsätzllich nahm Decius eine indifferente Haltung gegenüber dem Christentum ein, das er wie andere Kulte auch durch staatlichen Zwang in seine restaurative Religionspolitik zu integrieren suchte.

249 Das **Opferedikt des Decius** richtete sich gegen die Bischöfe und prominenten Kleriker, die zwangsweise vorgeladen und zum Opfer aufgefordert wurden. Das Edikt enthielt keine expliziten Strafbestimmungen. Bei einer Verweigerung drohte nach Ermessen der Behörden Vermögensentzug, Verbannung, Gefängnis- oder Todesstrafe. Im Kern zielte das Edikt darauf ab, die Götter durch eine große Zahl von opferwilligen Bewohnern wohlgesonnen zu stimmen. In besonderem Maße richtete es sich gegen die Christen, da diese sich bisher unnachgiebig gezeigt hatten. So wurden viele von ihnen in Beugehaft genommen, um das Opfern zu erzwingen.
250 Das Opferedikt des Decius wurde zur **Opferanweisung an alle Reichsbewohner** erweitert; das schloss Christen ebenso wie Nicht-Christen ein. Damit richtete sich das Opfergebot nicht allein gegen die Christen, dennoch können diese wohl als Hauptadressaten angesehen werden. Auch in rechtlicher Hinsicht war damit der Wechsel

von einer liberalen zu einer konservativen Religionspolitik der Kaiser vollzogen und die religionspolitische Richtlinie Trajans verlassen. Für das vor einer Kommission zu vollziehende Opfer wurden Bescheinigungen (*libelli*) ausgestellt, von denen 40 überliefert sind. Wer nicht opferte wurde in der Regel der Majestätsbeleidigung (*crimen maiestatis*) angeklagt, auf die die Todesstrafe stand. Die Schwierigkeit bestand für die Christen darin, dass sie bei Ausübung des Opfervollzuges ihren Glauben verleugnet hätten.

Die Umsetzung des Ediktes zog eine reichsweite Verfolgungswelle nach sich. Die Christen, die dennoch dem Opfergebot nachkamen, wurden als Abgefallene bezeichnet (*lapsi*). Die Formen des Abfallens waren unterschiedlich und führten dementsprechend zu verschiedenen Bezeichnungen für die Abgefallenen: Manche Christen opferten den römischen Göttern ein Tier (*sacrificati*), andere verbrannten lediglich Weihrauchkörner vor den Götter- oder Kaiserbildern (*thurificati*) und wiederum andere erhielten die Opferbescheinigungen durch Beziehungen oder Bestechungen (*libellatici*).[83] Die Zahl der Abgefallenen stellte für das Christentum ein ernst zu nehmendes Problem dar, da sich in allen Teilen des Reiches ganze Christenfamilien vor den Opferkommissionen versammelt hatten. Außerdem galt es, die Reintegration der Abgefallenen in die Kirche zu bewältigen.

Über die **Umsetzung** des Ediktes **im Westen** des Römischen Reiches ist bekannt, dass in Karthago zahlreiche Verhaftungen von Christen, Folterungen und Verbannungen durch die Stadtverwaltung vorgenommen wurden. Daher organisierten die Christen schon bald aus dem Untergrund den Widerstand und blieben mit anderen christlichen Gemeinden, besonders der römischen, in Verbindung. In Rom kam es vermehrt zu Hinrichtungen von Gläubigen, vor allem sind zahlreiche Berichte über Abgefallene überliefert. Diese sollten eine schwere innere Krise des Christentums herbeiführen, die sich an ihrer Reintegration entzündete und die Einheit der Kirche gefährdete. Das Abfallen galt nämlich als eine Sünde, die wie Mord und Ehebruch nicht vergeben werden konnte.

Im Osten ließ das Edikt des Decius die Ausschreitungen gegen die Christen, die sich in Alexandria 248 bereits zu einem Pogrom ausgewachsen hatten, wieder aufflammen. Blutige Verfolgungen, die durch Folter und Hinrichtungen, aber auch von der Verspottung von opferbereiten Christen begleitet wurden, sind vor allem aus Ägypten überliefert. Insgesamt ist der Unterschied zu den staatlichen Maßnahmen der vorangegangenen Jahrzehnte nicht so gravierend, wie diese

Schilderungen vermuten lassen, denn die Zahl der Märtyrer blieb relativ gering und wurde von der Zahl der Abgefallenen weit übertroffen. Neu aber war die Systematik, mit der die Umsetzung des Ediktes durch die lokalen Behörden durchgeführt wurde.

Bereits ein Jahr nach dem Erlass des Ediktes ließ die Verfolgungswelle nach, inhaftierte Christen wurden frei gelassen und untergetauchte Christen kehrten in die Öffentlichkeit zurück. Das Ende der Verfolgungen hatte verschiedene Ursachen: Zum einen erwiesen sich die staatlichen Zwangsmaßnahmen als wenig erfolgreich und als rein formelle Hinwendung zu den römischen Staatsgöttern; zum anderen fiel Decius nur zwei Jahre nach seinem Regierungsantritt im Jahr 251 im Kampf gegen die Goten in der Donauregion.

Sein Nachfolger Trebonius Gallus (251-53) war ganz mit der außenpolitischen Absicherung des Römischen Reiches beschäftigt. Es gibt aber Hinweise dafür, dass er Ende 252 nach einer Pestepidemie ein Edikt erließ, das der Bevölkerung befahl, den Göttern zur Besänftigung Opfer darzubringen. Trotz der Weigerung der Christen diesem Opfer nachzukommen, ist es in der nur kurzen Regierungszeit des Trebonius Gallus zu keinen Verfolgungen gekommen.

Valerian - 2. Verfolgung (257/58)

Die ersten vier Jahre der Regierungszeit Valerians (253-260) stellten für das Christentum eine Zeit der Duldung und der Toleranz dar; auch wenn sich seit 252 die Lage des Römischen Reiches durch erneute äußere Bedrohungen der Goten, Sarmaten und Sassaniden sowie durch eine Pestepidemie dramatisch verschlechtert hatte. Warum Valerian 257 seinen Kurs gegenüber den Christen von der Duldung zur Verfolgung änderte, ist nicht abschließend geklärt. Sicher ist nur, dass er sich nach vier Jahren der außenpolitischen Konsolidierungsversuche der Innenpolitik zuwandte, in Kontinuität der decischen Politik einen restaurativen und extrem konservativen Kurs verfolgte und gezielt gegen die Christen vorging.

257 erließ Valerian ein **1. Edikt**, in dem die Bischöfe und Kleriker aufgefordert wurden, vor den Statthaltern oder Gerichten die römischen Staatsgötter zu verehren oder zumindest die öffentlichen Kulthandlungen anzuerkennen. Im Fall einer Verweigerung drohte ihnen "automatisch" die Verbannung, ein Prozess fand nicht mehr statt. Außerdem wurde den christlichen Klerikern unter Androhung der

Kapitalstrafe verboten, Versammlungen abzuhalten und christliche Begräbnisstätten (*Symeterien*) zu betreten. Von diesen Bestimmungen waren Christen ohne Amt ausgenommen. Ziel des Ediktes war, die Führungsspitze des Christentums zu Loyalitätsbezeugungen gegenüber den römischen staatstragenden Göttern zu bewegen. Der christliche Glaube wurde ihnen aber nicht verboten. Offensichtlich wirkte sich zu diesem Zeitpunkt das traditionelle römische Religionsverständnis, das einen Unterschied zwischen Glaube und Ritus nicht problematisierte, auf die praktische Religionspolitik aus. Das bedeutete in diesem Fall, dass der Kaiser lediglich auf eine Anerkennung des römischen Staatskultes und seiner Riten im gesamten Reich drängte. Darüber hinaus zielte das erste Edikt Valerians auf die Kontrolle bzw. Ausschaltung der Führungsspitze und des kirchlichen Lebens ab. Als Nebeneffekt des Ediktes flossen dem Staat durch die Konfiszierung der Kirchengüter zusätzliche Mittel in die Staatskasse.

258 Mit dem **2. Edikt** verschärfte Valerian das 1. Edikt, indem die Strafe der Verbannung für christliche Kleriker durch eine sofortige Hinrichtung ersetzt wurde. Zudem wurde der betroffene Personenkreis auf Christen aus dem Adel (Senatoren, höhere Beamte, Ritter) erweitert, die mit Degradierung, Vermögensentzug und im Fall ihres Beharrens auf den Glauben mit der Todesstrafe bedroht wurden. Für adlige christliche Frauen sah das Edikt den Verlust des Vermögens und die Verbannung vor; christlichen kaiserlichen Hofbeamten wurde das Vermögen entzogen und sie wurden zur Zwangsarbeit auf den kaiserlichen Domänen verurteilt. Durch dieses bis dato einzigartige gezielte Vorgehen gegen einzelne Personen und Personengruppen sollte die religiöse Integrität des Römischen Reiches wiederhergestellt werden.

Festzuhalten ist:

- Die Edikte zielten durch das Opfergebot für den christlichen Klerus und die vornehmen Laien auf die Führungsschicht der Christen ab.

- Der Inhalt des Ediktes macht deutlich, dass das Christentum als solches und seine organisierte Struktur als Bedrohung für den römischen Staat erkannt wurde und daher ein gezielter Schlag gegen die Organisation und ihre Führungsspitze unternommen werden sollte.

- Damit wurde das Christentum als solches kriminalisiert, zumal das herrschende Prozessrecht ausgeschaltet war.

Hinsichtlich der Art und des Ausmaßes der Verfolgung bleibt anzumerken, dass es zwar zahlreiche Verbannungen und Hinrichtungen gegeben hat; überliefert sind Martyrien von Bischöfen - der bekannteste unter ihnen ist Cyprian - in Rom, Nordafrika, Spanien und Palästina sowie Hinrichtungen von einfachen Klerikern und Gläubigen. Man darf sich diese Verfolgungen jedoch nicht als eine Form des massenhaften Tötens von Christen im gesamten Römischen Reich vorstellen, denn eine blutige Ausschaltung des gesamten Christentums war angesichts seines Vordringens in weite Bereiche und in alle Schichten des Römischen Reiches nicht beabsichtigt. Wenn auch die Zahl der Christen nur etwa 5% der Reichsbevölkerung ausgemacht haben mag, war der Missionserfolg des Christentums doch nicht mehr zu übersehen, weshalb Valerian wohl versuchte vor allem die Organisation des Christentums zu treffen.

Die Verfolgungen endeten mit der Gefangennahme Valerians im Kampf gegen die Sassaniden im Jahr 260. Sein Sohn und Nachfolger Gallienus setzte die Verfolgungen nicht fort.

Gallienus - Zeit der Duldung und des Friedens (260-300)

260 Das **Toleranzedikt** des Gallienus (260-268) markiert einen abrupten Wechsel in der Religionspolitik. Gallienus widerrief mit seinem Toleranzedikt die Christenpolitik seines Vaters und beendete die Verfolgung, die er unter seinem Vater zunächst noch mitgetragen und in den ihm unterstellten westlichen Provinzen überwacht hatte. Die Christen erhielten ihre Versammlungs- und Begräbnisstätten zurück. Die Kirchengemeinden wurden als religiöse Gruppierung geduldet, amtlich wahrgenommen und ihre Besitzrechte respektiert. Die Bischöfe wurden als Rechtspersonen und die Organisation der Kirche als *collegia licita* anerkannt.

Das Edikt zielte auf die Integration der Christen ab, die ihren eigenen Gott um den Schutz des Staates anrufen sollten, wenn sie schon nicht am Staatskult teilnahmen. Wahrscheinlich erkannte Gallienus, dass sich eine reichseinheitliche Religion nicht durchsetzen ließ und die Christenverfolgungen trotz aller Zwangsmaßnahmen gescheitert waren.

Ursache des abrupten Kurswechsels in der Christenpolitik waren wahrscheinlich die äußeren und inneren Gefahren, denen das Römische Reich in der Regierungszeit des Gallienus ausgesetzt war. Zur Absicherung seiner Herrschaftsposition benötigte er die Ruhe und Stabilität im Inneren des Reiches sowie die Unterstützung breiter

Teile der Bevölkerung. Die in allen Gesellschaftsschichten präsenten Christen konnte er dabei nicht mehr ausschließen. Hinzu kam, dass Gallienus eine andere Auffassung von der römischen Staatsreligion hatte als seine Vorgänger. Er war nämlich der festen Überzeugung, dass das hellenistisch geprägte Heidentum sich mittelfristig durchsetzen würde und er daher eine tolerante Christenpolitik nicht zu fürchten brauchte. Infolgedessen wandte sich Gallienus dem Henotheismus zu. Trotz seiner zukunftsweisenden toleranten Haltung, die für das Christentum praktisch eine Art der Zulassung bedeutete, - es entwickelte sich eine protokollarische Beziehung zwischen dem Kaiser und den Bischöfen heraus - erhielt das Christentum dennoch keinen rechtlichen Status als *religio licita*, so dass die Christen vor neuen Verfolgungen nicht sicher waren.

Bis zum Jahr 303 schloss sich dem Toleranzedikt eine **40-jährige Friedenszeit** an, in der das christliche Leben aufblühte. Die Christen konnten nahezu unbehindert ihren Glauben verkünden und missionieren, so dass ihre Zahl stetig anwuchs. Vor allem Teile der Landbevölkerung Syriens, Palästinas, Kleinasiens, Ägyptens und Nordafrikas traten zum Christentum über, aber auch in Gallien, Germanien und Britannien konnte sich das Christentum ausbreiten. Im Zuge dieser Ausbreitung wandelte sich das Christentum und nahm allmählich eine mehr philosophisch-geistige Form an, so dass es zunehmend auch Anhänger unter den Gebildeten und Wohlhabenden der Oberschicht sowie am kaiserlichen Hof, im Heer und in der Verwaltung fand. In dieser Zeit verstärkte sich auch die Herausbildung übergemeindlicher Organisationsformen. Dennoch kam es unter Claudius II (268-70) und unter Aurelian (270-75) zu vereinzelten Martyrien, die durch eine aufgebrachte Volksmenge oder das Vorgehen eines einzelnen Statthalters zu erklären sind.

Die Zeit der friedlichen Duldung geriet besonders im Jahr 274 unter Aurelian in eine prekäre Phase. Im Rahmen eines umfassenden Reformversuches der Staatsreligion erhob Aurelian den *Sol invictus* zum Schutz- und Garantiegott für das gesamte Römische Reich. Infolgedessen wurde der Sol-Kult allen anderen Göttern übergeordnet, Aurelian ernannte sich zum Stellvertreter des Gottes auf Erden und nahm den Titel *dominus et deus* an. Der sich mit dieser Politik ankündigende unausweichliche Konflikt zwischen dem Christentum und der gewandelten Staatsreligion, deren Koexistenz nahezu ausgeschlossen war, blieb vermutlich lediglich aufgrund der Ermordung Aurelians aus.

Diocletian - 3. (intensivste) Verfolgung (299-305/311)

In der Zeit vor Diocletian (284-305) hielten der äußere militärische Druck und die inneren instabilen Verhältnisse des Reiches an. Diocletian beendete diese instabile Zeit mit einer Reform der Herrschaftsstruktur: der Errichtung der **Tetrarchie**. Diese 293 abgeschlossene Reform der Herrschaft teilte das Römische Reich in zwei Machtsphären auf - den Westen und den Osten. Beide Reichshälften standen unter der Führung je eines Kaisers im Range eines Augustus. Jedem Kaiser war als Nachfolger und Stellvertreter ein Unterkaiser im Range eines Caesaren zugeordnet. Im Westen herrschte Diocletian als Augustus, sein Caesar und Nachfolger war Konstantius Chlorus, der Schwiegersohn des Maximian. Im Osten herrschte Maximian als Augustus, ihm war Galerius, der Schwiegersohn Diocletians, als Caesar und Thronfolger untergeordnet. Zur Erleichterung und Verbesserung der Verwaltung des Reiches wurde dieses in vier große Verwaltungsgebiete unterteilt, denen je einer der Kaiser vorstand. Die Einheit des Reiches sollte durch das Kollegium der vier Kaiser, dem Diocletian als Primus inter pares vorstand, gewährleistet werden.

In politisch-religiöser Hinsicht wurde diese Konzeption durch eine Restauration der traditionellen römischen Religion untermauert, indem Diocletian als Nachkomme des Jupiter und Maximian als Nachkomme des Herkules angesehen wurde. Damit ging eine Sakralisierung des Herrschertums einher, die sich darin äußerte, dass die Kaiser als von den Göttern eingesetzt galten und demzufolge bereits zu ihren Herrscherzeiten als göttlich verehrt wurden. Dies war insofern neu, als eine Vergöttlichung im rechtlich-religiösen Sinne, von illegitimen Ausnahmen abgesehen, erst nach dem Tod des Herrschers ausgesprochen wurde.

Mit seiner Religionspolitik und der Bindung des öffentlichen Lebens an die überkommenen Sitten (*mos maiorum*) stand Diocletian ganz in der Kontinuität der altrömischen Tradition, die er durch eine langfristige Verfolgungspolitik fremder Kulte wieder in den Mittelpunkt der Reichseinheit stellen wollte. Unter Diocletian, der in Verwaltung, Militär und Religion die kaiserliche Vormacht nach orientalischen Vorbildern sichern und behaupten wollte, begann sich das Konzept des Zentralstaates mit einer reichseinheitlichen Religion zu formieren.

Nach einer 20-jährigen Phase der militärischen und politischen Sicherung des Reiches begann Diocletian mit der Umsetzung seiner religionspolitischen Vorstellungen. Zu dieser Zeit hatte das Christentum nach seinen Missionserfolgen eine beträchtliche Anzahl von Mitgliedern gewonnen und sich organisatorisch weiter gefestigt. Damit stellte es am Ende des 3. Jahrhunderts für den römischen Staat einen ernst zu nehmenden Machtfaktor dar.

Erste Anzeichen einer Verschärfung der restaurativen Religionspolitik und der Anbahnung eines Konfliktes zwischen römischem Staat und Christentum deuteten sich seit 295 an.

295 Das **Ehe-Edikt** stellte Bigamie, Ehebruch und Inzest unter strenge Strafen. Ziel Diocletians war auf Grundlage einer strengen Religions- und Gesellschaftspolitik, welche sich an den altrömischen Traditionen, Normen und Werte anlehnte, das Reichsvolk zu einen und auf diesem Weg für innere Stabilität zu sorgen. Einmal mehr wurde auf staatlichem Wege versucht durch ein gottesfürchtiges und sittenstrenges Leben das Wohlwollen der Götter herbeizuführen und so die Prosperität des Reiches zu sichern.

297 Das **Manichäer-Edikt** verbot die gleichnamige orientalische Sekte. Das Verbot machte deutlich, dass unter Diocletian keine fremden Kulte mehr geduldet wurden. Gegenüber den Christen schloss sich Diocletian zunächst dem Gallienus-Toleranzedikt an und schien einer unblutigen längerfristigen Lösung der Christenfrage nicht abgeneigt gewesen zu sein. Der Wechsel zu einer antichristlichen Politik vollzog sich aber bereits in der Zeit um 300.

Um 300 Das Heer wurde auf die strikte Befolgung des Kaiserkultes verpflichtet und den Soldaten der Vollzug der Götteropfer befohlen. Diejenigen, die als Christen oder Zugehörige zu anderen Kulten diese Opfer nicht vollzogen, wurden aus dem Heer ausgestoßen. Möglicherweise hatte das provokative religiöse Verhalten christlicher Soldaten in diesem Zusammenhang eine Rolle gespielt. Sicher ist, dass fortan die militärische Macht auch religiös vereinheitlicht wurde.

Um 301 Diocletian erließ eine Opferpflicht für alle Palastangehörigen infolge des Misslingens einer Eingeweide-Schau, mit deren Hilfe die Zukunft vorhergesagt werden sollte. Ihr Misslingen wurde auf die Anwesenheit von Christen zurückgeführt. Die Verweigerung des Opfers ließ Diocletian mit Auspeitschung bestrafen.

Ein wenig später scheiterndes Orakel verstärkte Diocletian in dem Glauben, dass die Christen das Verhältnis zwischen den römischen Reichsgöttern und dem Reich gestört hatten. Diese Störung wurde von ihm als Gefährdung der Wohlfahrt des Römischen Reiches interpretiert. Möglicherweise bildeten diese Ereignisse den Auslöser für die wenig später einsetzenden Christenverfolgungen.

23.2.303 Am Fest des Grenz-Gottes Terminus machte die kaiserliche Garde in der Kaiserstadt Nikomedia die dem Palast des Kaisers gegenüberliegende Kirche dem Erdboden gleich und verbrannte heilige christliche Schriften.

24.2.303 Das **1. Edikt**, das sofort wirksam wurde, bestimmte die Verbrennung der Heiligen Schrift, die Zerstörung der christlichen Kirchen, ein Verbot der Gottesdienste und Versammlungen. Christen verloren ihre Ämter, Würden und Rechtsfähigkeit und wurden aus dem Adel und dem Senat verdrängt oder in den Sklavenstand versetzt. Schließlich wurde ihnen sogar das Anrecht auf einen Prozess und eine Verteidigung vor Gericht entzogen.

Kurz danach brachen im Kaiserpalast von Nikomedia zwei Brände aus, für die die Christen verantwortlich gemacht wurden. Die Weigerung der Opferpflicht am Hof nachzukommen wurde nun mit einer sofortigen Hinrichtung bedroht.

Als im Osten des Reiches Unruhen ausbrachen, die ebenfalls den Christen angelastet wurden, folgten in nur kurzer Zeit nacheinander zwei weitere antichristliche Edikte:

303 (Frühsommer) Das **2. Edikt** und ein drittes im gleichen Jahr ordneten an, alle Kirchenführer auf unbestimmte Zeit festzusetzen und sie zum Opfer, auch durch Folter, zu zwingen.

304 (Anfang des Jahres) wurde in einem **4. Edikt** der Opfervollzug auf die Bevölkerung des gesamten Reiches ausgeweitet. Bei Weigerung drohte die Todesstrafe oder die Deportation in Bergwerke. In der Forschung ist die Urheberschaft dieses Ediktes und die Frage wer als Motor der Christenverfolgung angesehen werden kann umstritten. Während eine Forschungsmeinung Diocletian die volle Verantwortung für die Konzeption und den Erlass des Ediktes zumisst - da es unwahrscheinlich ist, dass Diocletian sich als Augustus eine Verfolgung hat aufdrängen lassen -, sehen andere in dem christen-feindlichen und machthungrigen Galerius den eigentlichen Urheber, der sich eine Krankheit Diocletians zu Nutze gemacht haben soll.

Über die **Umsetzung** der Edikte und das Ausmaß der diocletianischen Verfolgung gibt es keine lückenlosen Berichte. Die Kirchenhistoriker Laktanz und Eusebios[84] machen diesbezüglich nach Regionen differenzierte, aber letztlich dennoch nur ausschnitthafte und pauschalisierende Angaben. Demnach scheinen die westlichen Provinzen, vor allem Britannien und Gallien, weitaus geringere Christenverfolgungen erlebt zu haben als die Christen in Nordafrika. Insgesamt wirkten sich die Verfolgungen hinsichtlich ihrer Intensität und Dauer im Osten des Römischen Reiches verheerender als im Westen aus. Das lag daran, dass das Christentum im Osten des Reiches weiter verbreitet war und mehr Anhänger besaß als im Westen. Dort hörten die Verfolgungsmaßnahmen mit der Abdankung Diocletians im Jahr **305** praktisch auf. Diocletians Nachfolger als Augustus Konstantin Chlorus hatte als Caesar bereits das 1. Edikt nur sehr zurückhaltend in seinen Herrschaftsbereichen Gallien und Britannien umgesetzt. Vermutlich hatte er noch vor seinem Tod am 25. Juli 306 alle Verfolgungen einstellen lassen.

Wie in der Reichsverfassung vorgesehen dankten Dioletian und Maximian am 1. Mai 305 ab. An Diocletians Stelle trat - wie bereits erwähnt - Konstantin Chlorus als Augustus, während Galerius Maximians Platz einnahm. Galerius sorgte dafür, dass Maximinus Daja und Severus - zwei bis dahin weitgehend unbekannte Männer - zu Caesaren ernannt wurden und sicherte so seine Wahl zum ranghöchsten Augustus. Als Konstantin Chlorus 306 starb, rief sein Heer seinen Sohn Konstantin I. (den späteren Konstantin den Großen) zum Augustus aus. Da die anderen Kaiser ihn nicht anerkannten und es noch andere Konkurrenten um die Herrschaft im Westen gab, folgte eine Phase der politischen Unsicherheit und Instabilität bis die Machtkämpfe im Jahr 312 durch den Sieg Konstantins über Maxentius ihr Ende fanden. Bis zu diesem Zeitpunkt richtete sich die allgemeine Aufmerksamkeit nicht auf die Christenverfolgungen, sondern auf die Entscheidung der Machtfrage.

Im Osten endeten die Verfolgungen erst im Jahre **311** mit dem Toleranzedikt des Galerius. In den Jahren 306-308 kam es unter Galerius und seinem neuen Caesar Maximinius Daja im Osten, in dem besonders hart mit den Christen verfahren worden war, zu neuerlichen Verfolgungswellen. Bis zum August 309 fielen dem vierten Edikt eine große Zahl von Christen - besonders in Ägypten und Palästina - zum Opfer; sie starben oder wurden als Zwangsarbeiter in oberägyptische Bergwerke deportiert. Eine Erklärung für die Länge der Verfolgungen im Osten ist die dort durch eine Zentralisierung der Verwaltung erreichte Stabilität der Herrschaft. Daneben spielte aber auch das besonders scharfe Vorgehen des Maximinus Daja, dem Neffen und Caesar des Augustus Galerius eine wesentliche Rolle. Er hatte sich nämlich zum Ziel gesetzt, den Ausbau einer heidnischen Religionsorganisation zu forcieren und das Christentum ein für allemal auszuschalten. Die Schlagkraft der staatlichen Behörden war erst durch die straffe Organisation in Folge der Tetrarchiereform ausgeprägt worden und ermöglichte, anders als noch 50 Jahre zuvor unter

Decius, ein systematischeres und gezielteres Vorgehen gegen die Christen.

Galerius - Toleranzedikt (311)

311 Das Toleranzedikt des Galerius beendete die Verfolgung durch die öffentlich-rechtliche Anerkennung des christlichen Kultes. Galerius erließ das Edikt als ranghöchster Augustus des Kaiserkollegiums - dem zu dieser Zeit Galerius, Konstantin I., Licinius und Maximinus Daja angehörten - am 30.4.311. Die Gründe seines religionspolitischen Sinneswandels nur fünf Tage vor seinem Tod lassen sich nicht mehr genau rekonstruieren. Sicher ist nur, dass die diocletianischen Christenverfolgungen gescheitert waren und erneute Versuche einer restaurativen Religionspolitik nicht unternommen wurden. Insofern lag es nahe, zur Sicherung des inneren Friedens und zur Mehrung der Wohlfahrt des Römischen Reiches ein Toleranzedikt zu erlassen, umso die Christen in die römische Gesellschaft zu integrieren.

Letztlich haben die römischen Kaiser vor der Unnachgiebigkeit der Christen und ihrem tiefen Gottesglauben, aber auch vor der weiten Verbreitung und der ausgeprägten Organisation des Christentums kapituliert. Mit anderen Worten: Die christliche Kirche bewies ihre Stärke "vor allem durch ihre straffe Organisation, getragen von einem hierarchisch gegliederten Klerus, sowie durch ihr Bemühen um überörtliche Einheit und überregionalen Zusammenhang".[85]

Nachdem das Christentum seit Gallienus über weite Strecken bereits faktisch anerkannt war, wurde ihm mit dem Toleranzedikt nun auch öffentlich-rechtlich der Status einer *religio licita* zugestanden. Insofern erscheinen die diocletianischen Verfolgungen im Nachhinein nur als Unterbrechung eines jahrzehntelangen Duldungs- und Anerkennungsprozesses. Die Christen wurden mit dem Edikt zu Mitgliedern einer staatlich zugelassenen Kultgemeinschaft und zu Trägern von Rechten - wie dem Recht zum Zusammenschluss und zur Versammlung - und Pflichten - wie der Anerkennung der öffentlichen Ordnung und der Einbeziehung des Kaisers in die Gebete. Letztlich markiert das Toleranzedikt eine grundsätzliche Wende in der römischen Religionspolitik.

Chronologischer Überblick

Beginn und Verlauf der Verfolgungen:

Herbst **249**, Kaiser Decius erlässt das Opferedikt.

August **257**, das 1. Edikt Kaiser Valerians ordnet den Opfervollzug für den Klerus an.

August **258**, das 2. Edikt Valerians bedroht Opferverweigerer mit der Hinrichtung.

Juni **260**, das Toleranzedikt des Gallienus leitet einen 40-jährigen (Religions-)Frieden ein.

Um **300** ordnet Diocletian eine Opferpflicht für alle Palastangehörigen und Soldaten an.

Am 23.2 **303** ergeht das 1. Verfolgungsedikt Diocletians; zwei weitere Edikte folgen noch im selben Jahr, die zur Verhaftung des Klerus, zur Opferpflicht und zu Entlassungen führen.

Frühjahr **304**, das 4. Edikt enthält einen allgemeinen Opferbefehl für die gesamte Reichsbevölkerung.

Ende der Verfolgungen:

305 im Westen mit dem Rücktritt Diocletians

311 im Osten mit dem Toleranzedikt des Galerius

4. Die Etablierung des Christentums

4.1 "Die konstantinische Wende"

Das Toleranzedikt des Galerius von 311 hatte den Umschwung von der Christenverfolgung zu einer Toleranzpolitik im gesamten Reich formell vollzogen und abgesichert. Konstantin I. war nach seinem Sieg in der Entscheidungsschlacht gegen den Caesar Maxentius an der Milvischen Brücke im Jahr 312 zum Herrscher des Westens aufgestiegen. Mit seiner Person ist der Etablierungsprozess des Christentums untrennbar verbunden.

Dieser Prozess war zum einen Ergebnis der gescheiterten Verfolgungspolitik der letzten Jahrzehnte. Schließlich blieb den Kaisern zur Duldung und Anerkennung des Christentums kaum noch eine Alternative, da das Christentum zu einem integralen Bestandteil des Römischen Reiches geworden war. Zum anderen fand das Christentum zunehmend auf höchster staatlicher Ebene aktive Unterstützung in politischer, als auch in religiöser Hinsicht. Zugleich setzte sich das christlich-hellenistische Paradigma endgültig im Römischen Reich und der Kirche gegenüber dem (judenchristlichen) apokalyptischen Paradigma durch, d.h. der "Verbindung von Glaube und Wissenschaft, Theologie und Philosophie, Kirche und Kultur folgte ... die Verbindung von Christentum und Imperium."[86]

Konstantins Sieg an der Milvischen Brücke

Konstantins Sieg an der Milvischen Brücke über Maxentius (312) wird von der christlichen Geschichtsschreibung als Rettung der Christenheit vor der Verfolgung und als Wende zum Guten geschildert: der christliche Glaube hatte über den heidnischen Glauben gesiegt. Waren bisher die politische und die religiöse Sphäre ohnehin schon eng miteinander verflochten, so verschwammen in der folgenden Zeit durch den wachsenden Einfluss des Christentums die Grenzen von Politik und Religion endgültig. Die christliche Lehre schlug teilweise in eine politische Theologie um.

Konstantin wurde von den Christen als Befreier und Erlöser, als Retter und von Gott gesandt begriffen. Die zeitgenössische christliche Darstellung interpretierte den Sieg Konstantins auch als den Sieg Christus; die Geschichte wurde damit zum Gnadengeschehen stilisiert und der erhebliche religionspolitische Einfluss, den Konstantin auf das Christentum und seine Organisation ausübte, vom Christentum weitgehend akzeptiert.

Die beiden prominenten Kirchenhistoriker Eusebios und Laktanz berichten von einem christlichen Zeichen, welches Konstantin auf den Standarten seines Heeres hatte befestigen lassen.[87] Dieses Zeichen bestand aus der Verbindung der griechischen Buchstaben "Chi" und "Ro" (XP). Es soll Konstantin im Traum erschienen sein und im Auftrage Gottes als Zeichen Christi, d.h. als Sieges- und Schutzzeichen, an den Standarten befestigt und auf die Schilde gemalt worden sein. Nachträglich wurde die Schlacht damit zu einem "Heiligen Krieg" stilisiert. Ob Konstantin dieses Zeichen tatsächlich in einer Vision oder in einem Traum von Gott empfangen hat und durch diese Hinwendung des Christengottes zum Anhänger Christi bekehrt wurde, war bereits unter den Historikern in der Antike umstritten und gilt heute als unwahrscheinlich. Die Einschätzung dieses Sachverhalts ist eng verbunden mit der Beurteilung der Person Konstantins. Die unterschiedlichen Forschungsmeinungen lassen ihn als kühlen Machtpolitiker oder als mäßig gebildeten Soldaten erscheinen, verklären ihn als Kaiser von Gottes Gnaden oder kritisieren ihn und verwerfen sein Reformwerk.

Plausibel erscheint, dass Konstantin den seine Herrschaft begründenden Sieg in eine Art Propaganda einbetten wollte, um seine göttliche Auserwählung sichtbar zu machen. Eine derartige Konzeption besaß den Vorteil, die große Zahl der Christen von Anfang an in den Staat einbinden zu können und sich ihrer Unterstützung zu versichern. Mit dem Christentum bot sich Konstantin ein Instrument, welches ihm die Möglichkeit versprach, die unterschiedlichen Gruppierungen und Völker des Römischen Reiches durch eine einende Idee zu integrieren. Angesichts der von ihm zerstörten Tetrarchie war eine derartige Integration zur Absicherung seiner Alleinherrschaft notwendig. Allerdings handelte es sich bei der durch Konstantin vollzogenen Etablierung des Christentums nicht um die planmäßige Umsetzung eines fertigen Konzeptes, sondern um einen allmählichen Entwicklungsprozess.

Die Begünstigung des Christentums ging nicht soweit, dass Konstantin Zwangsmaßnahmen zur Bekehrung der Heiden einleitete, denn diese hätten wiederum ihre Staatsfeindschaft heraufbeschworen. Vornehmstes Ziel Konstantins war nämlich die Festigung und Erneuerung des Reiches. Um dieses Ziel zu erreichen wandte sich der sendungsbewusste Herrscher zwar dem Christentum zu, nicht aber gegen das Heidentum. Vielmehr blieb er Zeit seines Lebens ein im

Rahmen der (heidnischen) Antike bekehrter Herrscher. Beispielhaft verdeutlichen dies seine Ämter: Nachdem Konstantin vom Senat in Rom zum *Augustus maximus* (ersten Augustus) ausgerufen worden war, akzeptierte er auch den Titel des *pontifex maximus*, also den des obersten Priesters und Oberaufsehers über die heidnischen Kulte. Dies zeigt, dass Konstantin nicht mit dem Heidentum brechen wollte, sondern vielmehr eine Versöhnung von Christentum und Heidentum unter dem Primat des Christentums anstrebte.

Die Religionspolitik Konstantins I.

Konstantins Religionspolitik erhob das Christentum durch eine Politik der Privilegierung und Etablierung Schritt für Schritt in den Rang einer Staatskirche.

Der Umfang dieser religionspolitischen Interventionspolitik lässt sich aus dem *codex theodosianus* erkennen, einer Gesetzessammlung aus dem Jahr 438, die auf den Kaiser Theodosius zurückgeht. In ihr sind 150 Bestimmungen und Anweisungen Konstantins verzeichnet. Nachfolgend werden einige wichtige Maßnahmen, die die Privilegierung des Christentums und seine Anpassung an die staatlich anerkannten Kulte zeigen, aufgeführt, um den Etablierungsprozess des Christentums zu verdeutlichen:

312 begann Konstantin mit einer Wiedergutmachungspolitik gegenüber dem Christentum. Diese umfasste im Wesentlichen drei Bestimmungen:

1. Die Aufhebung aller Beschränkungen gegenüber dem Christentum und die Festsetzung von Wiedergutmachungen für erlittene Schäden, wie die Rückgabe von Ämtern und christlichen Gebäuden.

2. Die Anordnung an die Christen sich loyal gegenüber den heidnischen Kulten zu verhalten.

3. Die Gewährung von Religionsfreiheit für alle Bewohner des Römischen Reiches unter ausdrücklicher Einbeziehung des Christentums.

313 (Februar) Mit dem **Mailänder "Toleranzedikt"**, bei dem es sich weniger um ein Edikt im juristischen Sinne als vielmehr um eine Vereinbarung handelte, beschlossen Konstantin und Licinius das zwei Jahre zuvor von Galerius erlassene Toleranzedikt zu erneuern. Zu den wesentlichen Bestimmungen zählten:

- Das Christentum wurde endgültig als erlaubter staatlicher Kult anerkannt und war damit gegenüber den anderen zugelassenen Kulten gleichberechtigt.
- Im gesamten Reich herrschte Religionsfreiheit.
- Die Rückgabe der den Christen und den christlichen Gemeinden entzogenen Gütern und Würden wurde festgelegt und auch die Entschädigungen von Christen durch den Staat in spezifischen Bestimmungen geregelt.

Im Osten des Römischen Reiches fand das Toleranzedikt nur eingeschränkt Anwendung. Der Augustus des Ostens, Licinius, veröffentlichte zwar das Toleranzedikt, dennoch fanden die Verfolgungen im Osten noch kein Ende. Vielmehr kam es zu einer erneuten Behinderung und Schikanierung der Christen, vereinzelt sogar zu Ausschreitungen und Hinrichtungen. In den Augen der christlichen Zeitgenossen galt Licinius daher als neuer Diocletian und Christenverfolger. Diese Politik des Licinius und der mehrjährige Konflikt mit Konstantin endeten erst 323 mit dem Sieg Konstantins über Licinius in zwei Schlachten bei Adrianopolis und Chrysopolis, die Konstantin zugleich zum Alleinherrscher des Römischen Reiches machten. In religionspolitischer Hinsicht kommt dem Sieg über Licinius eine besondere Bedeutung zu, da sich von diesem Zeitpunkt an im gesamten Römischen Reich die Privilegierung des Christentums und die Abkehr vom Heidentum durchsetzte.

Mit Konstantin stieg das Christentum von einer religiösen Minderheit zu einer politischen Mehrheit auf, während das Heidentum mit dem Abtreten des Licinius einen umgekehrten Prozess durchlief.

314 f. Konstantin hob die während der Verfolgungen vollzogene Versklavung von Christen auf, ohne aber grundsätzlich die Versklavung außer Kraft zu setzen. Zugleich wurde die Brandmarkung Verurteilter im Gesicht mit der Begründung verboten, dass das Gesicht des Menschen ein Abbild himmlischer Schönheit sei.

319 erging ein Verbot der privaten Eingeweideschau von geopferten Tieren, während diese als öffentliche Kulthandlungen weiter erlaubt blieben.

Um 319 verbot Konstantin den heidnischen Kulten die Verehrung des Kaiserbildes. Auf den Münzen wurden zunehmend neutrale oder christliche Darstellungen abgebildet. Das Verbot des Aufstellens von

Kaiserbildnissen bedeutete faktisch das Ende des Kaiserkultes. In diese Zeit fiel auch das Verbot magischer Künste, wie Schadens- und Liebeszauber.

Ab 320 wurde der Strafvollzug humanisiert und erste kirchenrechtliche Bestimmungen erlassen. Hierzu zählen die Testatfähigkeit der Kirche (Erlaubnis Vermächtnisse anzunehmen) und die Bevollmächtigung von Bischöfen in privatrechtlichen Fällen Recht zu sprechen, wenn auch die Vollstreckung ihrer Urteile weiterhin den staatlichen Behörden oblag.

Nach 324 wurde in Jerusalem über dem wiederentdeckten Grab Jesu eine Grabeskirche errichtet und im gesamten Reich der Bau von Kirchen durch staatliche Architekten geleitet. Die Basilika avancierte zum Prototyp der christlichen Architektur.

325 wurde nach bereits vorausgegangenen Sonntagsgesetzen der Sonntag - als Tag der Sonne - zum allgemeinen Ruhetag erklärt. Bis zu dieser Zeit richtete sich die Religionspolitik nicht ausdrücklich gegen Heiden, die nicht durch staatlichen Zwang zum christlichen Glauben bekehrt werden sollten. Bereits im **Oktober 325** änderte sich dies; die Abhaltung blutiger heidnischer Schauspiele wurde zusammen mit dem Gladiatorenstand verboten und die Schließung einiger heidnischer Tempel angeordnet.

326 Konstantin demonstrierte mit seinem Verzicht auf den Gang auf das Kapitol in Rom in aller Öffentlichkeit seine Abkehr von den alten Göttern. Für die heidnische Bevölkerung wurde dieser symbolträchtige Akt als tiefer Einschnitt in die jahrhundertealte Religionspolitik der Kaiser wahrgenommen.

Noch **326** erging ein Verbot, verfallene Tempel wieder aufzurichten und neue Götterstatuen wieder aufzustellen. In dieses Jahr fiel auch ein Gesetz, welches die Ehegesetzgebung zwischen Freien und Sklaven verschärfte. Ebenfalls **326** begann der Bau der neuen Hauptstadt Konstantinopel, die an die Stelle des alten heidnischen Roms als neue Hauptstadt eines geeinten Reiches treten sollte. Die strategischen, ideologischen und geopolitischen Überlegungen, die zum Bau der Stadt führten, zeigen, dass mit Konstantinopel eine in vielen Belangen Rom ebenbürtige Hauptstadt entstehen sollte. Wichtig ist, dass dem Hauptstadtprojekt nicht allein rein christliche Motive zugrunde lagen, sondern auch pragmatische Gründe wie eine bessere Verteidigung und die symbolische Einigung des Reiches. Die neue Hauptstadt vereinte so Altes und Neues.

Mit diesen und anderen Gesetzen regelte Konstantin das Verhältnis von Staat und Kirche und präzisierte die Rechtsstellung von Heiden, Juden und Häretikern. So stellte er im Rahmen der Judengesetzgebung die Beschneidung christlicher Sklaven und den Übertritt zum Judentum unter Strafe und erleichterte gleichzeitig den Übertritt zum Christentum.

Das Christentum erhielt in Gestalt der christlichen Kirche einen besonderen privilegierten rechtlichen Status, ohne zur Staatsreligion aufzusteigen. Dies schloss eine Steuerbefreiung, die finanzielle Unterstützung von Kirchen, die Verleihung der Rechtseigenschaft und die Möglichkeit, Schenkungen entgegennehmen zu können, ein. Der christliche Klerus wurde überdies zu einem juristisch definierten Stand, der - wie die gesamte Kirche - unter den Schutz des Staates gestellt wurde.

Trotz dieses Aufstiegs wurde der Erfolg des Christentums durch religiöse Spannungen innerhalb des Christentums überlagert. Ein Richtungsstreit (arianischer/donatischer Streit) lähmte zeitweise die innerkirchliche Entwicklung und drohte durch das Übergreifen auf nahezu den gesamten Ostteil des Reiches und weite Teile der Bevölkerung die Einheit des Reiches zu spalten. Da diese innerkirchlichen Auseinandersetzungen weit über Konstantin hinaus den Zusammenhalt des Römischen Reiches bedrohten, versuchten Konstantin und seine Nachfolger wiederholt durch religionspolitische Interventionen den Streit zu schlichten, die Kirche zu vereinheitlichen und an den Staat zu binden. So rief Konstantin im Jahr **325** ein ökumenisches Konzil in Nicaea zu einer Reichssynode zusammen, das er dominierte und nutzte, um die Organisation der Kirche der des Staates anzupassen. Die katholische Kirche wurde damit zur Reichskirche. Dennoch bildete das Christentum auch nach dem Konzil eine kaum zu entwirrende und zerstrittene Vielfalt unterschiedlicher Gruppierungen und Strömungen. Das lag nicht zuletzt daran, dass das Christentum nie ein einheitlicher Kult war. Bis heute hat sich daran nichts geändert.

Die Bedeutung der "konstantinischen Wende"

Bei genauerer Betrachtung erscheint die Religionspolitik Konstantins widersprüchlich. Im Kern erweckt sie den Eindruck sich durch eine ausgeprägte Förderung des Christentums auszuzeichnen, stellenweise wurde sie jedoch unter einem heidnischen Dach vollzogen. Dies lässt sich u.a. mit Hilfe des Selbstverständnisses und der Herkunft Konstantins erklären:

Konstantin wuchs trotz aller Hinwendung zum Christentum als Heide auf und wurde in einer heidnischen Welt sozialisiert. Das Heidentum bildete die traditionelle, jahrhundertealte Grundlage des Römischen Reiches, mit der sich die Bevölkerung und die Herrscher identifizierten. Stets war mit der Religionspolitik der Versuch verbunden, das Weltreich zu einen und seine Wohlfahrt abzusichern. Konstantin war sich dieser Sachlage bewusst und vollzog daher eine schrittweise Politik der Etablierung des Christentums unter Tolerierung des Heidentums. Zudem schien ihm klar gewesen zu sein, dass sich Frömmigkeit, Glaube und Unterstützung für das Reich nicht durch Zwang, sondern nur durch geleitete Toleranz erreichen ließ. Konstantins Religionspolitik trug dementsprechend pragmatische, religiöse und philosophische Züge. Er verband die "religiöse Widmung des Staates an die oberste Gottheit" (M. Jacobs) zum Wohle des Staates (*do ut des*) mit der christlichen Heilsbotschaft. Letztlich setzte Konstantin die herkömmliche römische Religionspolitik, einen einheitlichen Kult zu schaffen, auf eine neue Weise fort. Erst seine Söhne sollten diesen Kurs ändern und eine zunehmend intolerante Politik gegenüber den Heiden verfolgen. Für diese Sichtweise spricht auch, dass Konstantin trotz seines Auftretens als "Bischof der Bischöfe" Zeit seines Lebens oberster Priester - *pontifex maximus* - blieb und sich als christianisierter Heide erst unmittelbar vor seinem Tod im Jahr 337 auf dem Sterbebett taufen ließ. Dies hielt ihn nicht davon ab, das Christentum als eine mächtige Bewegung anzusehen und für seine Politik zu nutzen.

Konstantins Leben und Handeln ist derart facettenreich und wird in der Forschung so differenziert beurteilt, dass ein einfaches abschließendes Urteil schwer fällt.

- Aus christlicher Sicht beendete Konstantin die Phase der Unterdrückung und leitete die Zeit der geistigen und politischen Dominanz des Christentums in der westlichen Welt ein.

- Aus heidnischer Sicht leitete Konstantin das Ende der Phase der antiken hellenistischen Hochkultur in all ihrer philosophischen, wissenschaftlichen und religiösen Vielfalt ein.

Vereinfacht gesehen führte die Dominanz des Christentums zu einem jahrhundertelangen Rückfall in vorantike Lebens- und Geistesformen. Erst die Wiederentdeckung der Antike in der Renaissance ließ die Menschheit an die Errungenschaften der Antike Anschluss finden.

In jedem Falle kommt Konstantin, der von den Christen als Heilsbringer und von den Heiden als "Häretiker" gesehen wurde, eine welthistorische Bedeutung im Prozess der Etablierung des Christentums zu:

- Konstantins religionspolitische Interventionen gaben dem Christentum in politischer, aber auch in religiöser Hinsicht die Entwicklungsrichtung vor.

- Mit Konstantin begann die Geschichte der engen Bindung von Kirche und Staat - das Universalreich erhielt eine Universalreligion, die jedem Menschen die Hoffnung auf ein Leben im Jenseits und den Menschen in Not eine staatlich unterstützte karitative Hilfe gab.

Konstantin hat die Wende vom Heidentum zum Christentum vollzogen. Eine Staatskirche hat er allerdings nicht geschaffen; dennoch haben christliche Normen und grundlegende Annahmen über die Welt und das Jenseits die Basis und den Rahmen der sich mit ihm ankündigenden neuen Zeit gebildet. Das Christentum dominierte in Form der katholischen (Staats-)Kirche zunehmend alle Lebensbereiche vom Glauben über die Gesellschaft bis hin zum Selbstverständnis des menschlichen Seins und begründete damit eine neue Kultur.

4.2 Von Konstantins Söhnen zu Theodosius I.: Das Christentum wird Staatsreligion

Mit der "konstantinischen Wende" hatte sich das Christentum im Römischen Reich etabliert und war zu einer festen staatlichen Größe geworden, die hinsichtlich ihrer Bedeutung und Verbreitung bald alle anderen Religionen und Kulte übertraf. Die Zeit nach Konstantins Tod bis zum Ende des 4. Jahrhunderts, in der sich das Christentum weiter ausbreitete und schließlich zur alleinigen Staatsreligion wurde, lässt sich in drei Phasen einteilen:

1. **Die Herrschaft der Söhne Konstantins (337-361)**, die seine christliche Privilegierungspolitik fortsetzten und die Rechte der heidnischen Kulte einschränkten.

2. **Die Herrschaft Julians (361-363)**, die mit dem Versuch eine heidnische Kirche aufzubauen das letzte antichristliche Intermezzo darstellte.

3. **Die Herrschaft von Theodosius I.** (363-395), die nach einer Übergangszeit die Etablierung des Christentum zur alleinigen Staatsreligion des Römischen Reiches abschloss.

Die Herrschaft der Söhne Konstantins (337-361)

Nach dem Tod Konstantins wurden seine drei Söhne Konstantin (II.), Konstantius (II.) und Konstans zu Augusti ausgerufen und vom Senat bestätigt. **Konstantius (II.)**, der Herrscher des Ostens, setzte sich nach jahrelangen kriegerischen Auseinandersetzungen zwischen den Brüdern nach dem Sieg über den Usurpator Magnentius 353 als Alleinherrscher des Römischen Reiches durch. Seine Religionspolitik zielte wie die seines Vaters auf die Festigung der Einheit des Reiches durch den christlichen Glauben ab. Im Unterschied zu seinem Vater zeigten seine religionspolitischen Maßnahmen jedoch eine offene Ablehnung des Heidentums:

341 wurde ein gesetzliches Opferverbot erlassen und das Ende des Aberglaubens gefordert. Zugleich wurden zur Wahrung einer friedlichen religiösen Einheit auch Tempelzerstörungen verboten.

346 (354 ?) verfügte ein Gesetz die Schließung aller Tempel und das Opferverbot wurde erneuert. Damit wurde zum ersten Mal ein Verbot für heidnische Kulte erlassen. Praktisch wurden allerdings die Tempel auf dem Lande und das heidnische Priestertum als Ehrenamt weiterhin geduldet.

356 wurden alle Bilderkulte, d.h. das Aufstellen und Verehren von Götterbildern, verboten und Verstöße mit der Todesstrafe bedroht. Dies hatte antiheidnische Ausschreitungen zur Folge, die sich in Form von spontanen Volkserhebungen - begleitet von Plünderungen und der Zerstörung von Statuen und Tempeln, an deren Stelle häufig Kirchen errichtet wurden - entluden. Der Staat duldete die Ausschreitungen gegen Heiden und unterstützte diese genau wie die hundert Jahre zuvor erfolgten Christenverfolgungen dem Zeitgeist entsprechend partiell. Faktisch schien das Christentum zu diesem Zeitpunkt bereits durch das Verbot aller heidnischer Kulte Staatsreligion geworden zu sein.

357 war Konstantius (II.) aufgrund der noch immer relativ starken Position des Heidentums, das vor allem in der Aristokratie der Stadt Rom eine starke Stütze besaß, gezwungen, einige Privilegien und die finanzielle Unterstützung der heidnischen Kulte durch den Staat zu garantieren.

Die Herrschaft Julians (361-363)

Julian, ein Neffe Konstantins I., war wie dessen Söhne christlich erzogen worden, hatte jedoch bald einen besonderen Zugang zur klassischen griechischen Bildung und Philosophie gefunden, d.h. er ließ sich zum Glauben an die alten Götter des Römischen Reiches bekehren und in die Mysterien einweihen.

361 wurde Julian mit dem Tod Konstantius (II.) zum Alleinherrscher. Noch im gleichen Jahr traten seine durch ein fundamentales Sendungsbewusstsein getragenen religionspolitischen Ziele offen zutage. Er versuchte das Heidentum durch eine Renaissance der alten römischen Götter in Form einer heidnischen Kirche (!) wiederzubeleben.

So bekannte sich Julian 361 offen zu den heidnischen Göttern und widerrief die religionspolitischen Maßnahmen seines Vorgängers Konstantius (II.). Infolgedessen verlor die Kirche alle Privilegien, erhielten die Tempelkulte Wiedergutmachungen und wurden neue Tempel gebaut sowie die alten Kultfeste neu belebt. Durch diese Maßnahmen bestärkt, entluden sich spontane Ausschreitungen der Heiden gegen die Christen. Anders als in den Jahrzehnten und Jahrhunderten zuvor, unterwarfen sich die Christen jedoch nicht widerstandslos, so dass Tumulte und Straßenschlachten die Folge waren.

Die christliche Kirche befürchtete, dass mit Julians Religionspolitik die gesamte staatliche Unterstützungspolitik in Frage gestellt werden würde. Dass diese Befürchtungen berechtigt waren, lässt sich anhand Julians Vorgehen gegen die christliche Stadt Caesarea illustrieren: Nachdem die christlichen Einwohner den letzten heidnischen Tempel zerstört hatten, beschlagnahmte Julian im Gegenzug das Vermögen der christlichen Gemeinde, legte den Christen Tributzahlungen auf, sprach der Stadt das Stadtrecht ab und drohte der Gemeinde mit der Hinrichtung der Christen, wenn diese nicht unverzüglich den Tempel wiederaufbauen würden. Die Bekehrung der Christen zum Heidentum versuchte Julian allerdings nicht vorrangig durch Gewaltmaßnahmen zu erreichen, auch wenn er auf nicht bekehrungswillige Christen Druck ausübte. So schloss er sie von staatlichen Ämtern aus und erließ **362** ein Schulgesetz, das praktisch vorsah, zum Unterricht nur heidnische Lehrer zu zulassen. Insgesamt gesehen versuchte Julian vor allem durch Überzeugung Anhänger für seine Idee zu finden. Seine christliche Erziehung übte in dieser Hinsicht vermutlich einen maßgeblichen Einfluss auf sein Vorgehen aus; das gilt ebenso für seine Idee der Errichtung einer heidnischen Kirche, in die er ethische Forderungen, die für das Heidentum unüblich waren, mit einbezog. Praktisch offenbarte sich dies in einer nach christlichen Maßstäben ausgerichteten Umgestaltung des Tempelkultes und Julians Anweisung an die heidnischen Priester, ein heiliges Leben zu führen und die Nächstenliebe zu praktizieren.

Julians Versuch einer Wiederbelebung des traditionellen römischen Götterkultes, den er mit den ethischen und religiösen Werten des Christentums und Elementen des Sonnenkultes und der Mysterienkulte verband, blieb ein erfolgloses Intermezzo. Die Resonanz auf sein Reformvorhaben war gering, was daran lag, dass die klassischen alten Götter nur noch vereinzelt Anhänger besaßen und die Heiden sich von diesen abgewandt und den Mysterienkulten, dem Aberglauben oder der Philosophie zugewandt hatten. Vor allem aber spielte die Ausbreitung und Festigung des Christentums in der Bevölkerung und im Staatsapparat des Römischen Reiches eine zentrale Rolle. Daher konnte Julian die breite Masse der Bevölkerung nicht mobilisieren und löste vielmehr den entschiedenen Widerstand der Christen aus.

363 endete der zuweilen romantisch anmutende Versuch der Wiederbelebung des Heidentums nach nur zwei Jahren mit dem Tod Julians. Er war der letzte Vertreter der konstantinischen Dynastie, die dem Christentum zum Durchbruch verholfen hatte, und der letzte Kaiser, der eine antichristliche Religionspolitik verfolgte.

Die Herrschaft von Theodosius I. (363-395)

Der Herrschaft Julians schloss sich eine Übergangszeit der Unruhe, Grenzkriege und Usurpationsversuche durch Gegenkaiser an. Die Nachfolger Julians, der General und Kaiser Jovian (363-364), das Doppelkaisertum der Brüder Valentinian (364-375) und Valens (364-378) sowie Gratian (375/378-383), machten die heidenfreundliche und antichristliche Politik wieder rückgängig. Infolgedessen verlor das der staatlichen und kaiserlichen Unterstützung beraubte Heidentum zusehends an Bedeutung. Lediglich Teile der Aristokratie und intellektuelle Kreise - wie der Senat der Stadt Rom - blieben als Anhänger orientalischer Mysterienkulte, des Neuplatonismus, der Astrologie und des römischen Altertums gegenüber der Ausbreitung des Christentums zunächst resistent. Mit Unterstützung des fränkischen Heerführers Arbogast betrieb die römische Aristokratie zeitweise sogar eine heidnische Restaurationspolitik, die in eine Art Religionskrieg mit Theodosius I., dem überzeugten Christen und Kaiser des Ostens, mündete. In einer Entscheidungsschlacht am Isonzo beendete dieser 394 die heidnischen Usurpationsversuche und setzte damit den christlichen Glauben für das gesamte Reich endgültig als Staatsreligion durch. Zuvor hatte er den seit dem Beginn des Jahrhunderts währenden innerkirchlichen Streit beendet und den christlichen Glauben zur alleinigen Staatsreligion erhoben.

Theodosius I., der als strenggläubiger katholischer Christ unter dem Einfluss des Bischofs Ambrosius von Mailand stand, vollzog einen letzten und entscheidenden Wandel in der Religionspolitik: Die Duldung des Heidentums wich einer allmählichen Ausschaltung und einem Verbot.

380 erließ Theodosius I. das Edikt *cunctos populos*, in dem er festlegte, dass allein der katholische Glaube maßgeblich für alle Völker seines Reiches sei. Mit diesem Edikt hatte sich das **Christentum** als **alleinige Staatsreligion** durchgesetzt, wenn auch der Übertritt zum christlichen Glauben noch nicht für alle Bürger des Reiches vorgeschrieben war.

381 bestätigte ein von Theodosius I. nach Konstantinopel berufenes ökumenisches Konzil seinen Beschluss. Im gleichen Jahr wurde der Übertritt vom Christentum zum Heidentum unter die Strafe des Rechtsverlustes gestellt. Die Heiden wurden allerdings nicht verfolgt, sondern toleriert und ihre Tempel durften zunächst geöffnet bleiben. Da diese Maßnahmen den Christen offensichtlich nicht ausreichten, gingen sie vereinzelt gegen Heiden vor und zerstörten ihre Tempel.

382 erließ Gratian, der Kaiser des Westens, mehrere antiheidnische Gesetze. Zu ihnen gehörten das Ende staatlicher Zuwendungen für heidnische Kulte, die Beschlagnahmung ihres Landbesitzes und die Aufhebung der Testatfähigkeit für heidnische Priester. Bedeutsam ist, dass Gratian als Erster christlicher Kaiser den Titel des *pontifex maximus* ablegte. Damit vollzog er symbolisch die Trennung von Staat und Heidentum und brach mit einer Institution der seit Augustus üblichen Religionspolitik, in der der Kaiser als oberster Priester unmittelbar für die Verehrung der (heidnischen) Götter des Reiches zuständig war. Theodosius I. ging einen Schritt weiter und nahm den Titel *pontifex maximus* gar nicht mehr an.

389 legte Theodosius I. in einem Edikt staatlich geschützte Feiertage für das gesamte Römische Reich fest. Da sich unter ihnen keine heidnischen Feste befanden, wurde das heidnische Priestertum zusätzlich geschwächt und zunehmend marginalisiert.

389 f. führten christliche Ausschreitungen gegen Heiden in Alexandria zu einem Aufstand der Heiden, dem etliche Christen zum Opfer fielen. Theodosius I. forderte die Zerstörung des heidnischen Kultes als Verursacher der religiös motivierten bürgerkriegsähnlichen Unruhen. Die Christen setzten diese Aufforderung unverzüglich in die Tat um, indem sie sämtliche Tempel Ägyptens zerstörten. Zu ihnen gehörte auch das berühmte Serapeion der Universität in Alexandria. Diese Form der Ausschreitungen gegen Heiden zeigt beispielhaft, dass die Mehrheit der Bevölkerung kein Interesse mehr an einem Fortbestehen der heidnischen Kulte und Kultur besaß. Infolgedessen nahm die staatliche Politik keine Rücksicht mehr auf die Interessen der Heiden und wandte sich ganz dem Christentum zu.

390 wurde Theodosius I. als "Sohn der Kirche" nach einer übereilten öffentlichen Massenhinrichtung in Thessaloniki vom Bischof Ambrosius zu einer öffentlichen Buße gezwungen. Damit kam der kirchlichen Autorität erstmals eine gleichberechtigte Stellung neben der weltlichen kaiserlichen Autorität zu. Für das Verhältnis von Staat und Kirche sollte dies von wegweisender Bedeutung sein.

391/92 erließ Theodosius I. mehrere Gesetze, die als Höhepunkt der antiheidnischen Politik betrachtet werden können: Jede Form heidnischer Kulte wurde verboten, Opferhandlungen und Tempelbesuche mit Geldstrafen bzw. dem Einzug des persönlichen Besitzes bestraft. Diese Gesetze, die zunächst nur für einzelne Reichsteile galten, wurden am 8.11.392 in einer Konstitution zusammengefasst und für das gesamte Römische Reich verbindlich gemacht.

394 verlor das Heidentum durch den Sieg Theodosius I. über das heidnische Heer unter dem Usurpator und Gegenkaiser Eugenius und dem Heerführer Arbogast am Fluss Isonzo seine letzte Machtbastion.

In der folgenden Zeit wurden überall im Reich heidnische Tempel und Heiligtümer zerstört. Bekannte Institutionen des antiken Götterglaubens - wie das Delphische Orakel, die Olympischen Spiele und das Augurenwesen - wurden verboten und selbst antike Philosophenschulen geschlossen. Unter Kaiser Justinian (527-565) sollten die antiheidnischen Maßnahmen ihren Höhepunkt und Abschluss erreichen. Die im Jahr 399 staatlich angeordnete Zerstörung heidnischer Tempel erfolgte vor allem im Ostteil des Römischen Reiches, bereits ohne öffentliches Aufsehen zu erregen. Wie sehr sich die Gesellschaft verchristlicht hatte zeigt das Vordringen der christlichen Moral in die juristische Sphäre wie im Bereich der Gesetzgebung zur Ehe und Jungfräulichkeit, zum Ehebruch und zur Homosexualität, für die seit 390 der Tod auf dem Scheiterhaufen festgesetzt worden war.

Fazit: Innerhalb eines Jahrhunderts erloschen - von vereinzelten Überbleibseln heidnischer Anschauungen wie philosophischen Strömungen und abergläubischen Praktiken abgesehen - die heidnische Religiosität und das Heidentum nahezu vollständig. Mit dem Tod von Theodosius I. im Jahr 395 zerbrach das Römische Reich politisch und kulturell in ein griechisch-orientalisches (orthodoxes) Ostreich - Byzanz - und ein lateinisches (katholisches) Westreich. Die römische Gesellschaft und das "Römer-Sein" wurde fortan mit dem "Christ-Sein" gleichgesetzt.

4.3 Die Herausbildung der katholischen Kirche

Die Begriffe "Christentum" und "katholische Kirche" werden häufig synonym verwandt. Beide Begriffe tauchen - wie bereits erwähnt - zum ersten Mal um 110 in den Briefen des Bischofs Ignatius von Antiochia auf.[88] Das in den Briefen an die Magnesier verwandte griechische Wort "*katholikos*", von dem sich das deutsche Wort "katholisch" ableitet, kann mit "allgemein" übersetzt werden und diente seit Ignatius als Bezeichnung für die Gesamtkirche. Das zweite von Ignatius benutze Wort "*ekklesia*" wurde bereits von den Verfassern der Evangelien und den griechisch sprechenden Diasporajuden gebraucht und bezeichnete die Gemeinschaft der Jesusgläubigen bzw. in Anlehnung an das hebräische Wort "*kahal*" das Volk (Gottes). Vermutlich wurde es von dem gleich lautenden griechischen Wort "*ekklesia*", das in der attischen Demokratie die Vollversammlung der Vollbürger bezeichnete, abgeleitet und in der Urgemeinde bereits im Sinne einer Versammlung der an Christus glaubenden wahren Gottesgemeinde verwandt. Im romanischen Sprachraum hat sich für den Begriff Kirche das Wort "*ekklesia*" eingebürgert, während im Deutschen das Wort "Kirche", das auf das byzantinische Wort "*kyrike*" zurückgeht und "dem Herrn (griech. = *kyrios*) gehörig" bedeutet, benutzt wird.
Nachfolgend wird unter "Kirche" die **Organisation des Christentums** mit ihren Strukturen, Ämtern, Ordnungen etc. verstanden.

Neben der reinen Begriffsbestimmung haben die obigen Ausführungen angedeutet, dass "Kirche" als Organisationsbegriff betrachtet werden kann. Vermutlich ist er das Ergebnis einer identitätsstiftenden Selbstorganisation, die als Wesensmerkmal maßgeblich zu Aufstieg, Etablierung und Durchsetzung des Christentums beigetragen hat. Bereits an der Basis verfügte die Gemeinschaft der an Jesus Christus Glaubenden in Form einer "autarken" Gemeinde, die sich als Ortskirche organisierte und ein Abbild der Gesamtkirche im Kleinen darstellte, über alle notwendigen Befugnisse, um ein funktionierendes, gemeinschaftliches Leben im Gottesglauben zu gewährleisten. Zu ihnen zählten vor allem die Verkündigung der Heilsbotschaft durch die Evangelien, die Sakramente mit der Taufe und dem Abendmahl sowie die Dienste an den Glaubenden und Bedürftigen.

Zu den bedeutendsten Leistungen der Christen gehört die Entwicklung dieser selbstständig funktionsfähigen und zeitlosen Organisation. In den ersten vier Jahrhunderten entstand aus kleinen, verstreuten Gruppen innerhalb der jüdischen Diasporagemeinden eine kirchliche Ordnung, die in ihrer endgültigen Gestalt parallel zum römischen Staatsaufbau strukturiert war und nahezu jeden Menschen des Römischen Reiches erreichen konnte.

Der Organisationsprozess vollzog sich in drei Phasen:

1. **Die Entwicklung erster Organisationsformen in den urchristlichen Gemeinden** (1. Jh.)
2. **Die Entwicklung von den frühkatholischen Gemeinden zur altkatholischen Großkirche** (2. und 3. Jh.)
3. **Die Entstehung der reichskatholischen Kirche** (4. Jh.)

Der Übersichtlichkeit halber seien an dieser Stelle die wesentlichen Ergebnisse des Organisationsprozesses vorweggenommen:

1. Jahrhundert: Erste Ansätze zur Ausprägung von Ämtern, bei denen dem Charisma eine größere Bedeutung zukommt als der Hierarchie, bilden sich aus. Mit der Vielfalt von Strukturen und Ämtern geht eine kollegiale Leitung der Gemeinden einher.

2. Jahrhundert: Das Presbyter-, das Ältesten- und das monarchische Bischofsamt (Monepiskopats) entstehen und etablieren sich. Zentrale Legitimationsfunktion ist die apostolische Sukzession der Amtsinhaber.

3. Jahrhundert: Die Ämtertrias Bischof - Presbyter - Diakon, mit dem Bischof als oberster Entscheidungsinstanz, wird zur Grundstruktur der katholischen Kirche.

4. Jahrhundert: Im Rahmen der "konstantinischen Wende" wird die Kirchenstruktur der Verwaltungsgliederung des Römischen Reiches angepasst. Hinzu treten Selbstverwaltungsgremien wie die Synoden auf regionaler und auf ökumenischer Ebene.

Die Entwicklung erster Organisationsformen in den urchristlichen Gemeinden

Diese Phase umfasst den Zeitraum von der Jerusalemer Urgemeinde bis zum Ende des 1. Jahrhunderts. Zur Zeit der Urgemeinde und der Wandermission der Apostel und Propheten gab es noch keine einheitliche, hierarchische Organisationsform, sondern vielmehr ein Nebeneinander verschiedener Personen und Funktionen. Dennoch sind erste Organisationsformen in Form von Ämtern und ortsfesten Gemeindestrukturen an der Wende vom 1. zum 2. Jahrhundert überliefert, die die Grundlage für die weitere Ausprägung von Strukturen darstellten.

Bereits die **Urgemeinde** war eine gegliederte Gemeinschaft. Nicht alle ihre Mitglieder übten die gleichen Funktionen aus, standen aber völlig gleichberechtigt nebeneinander. Herausgehoben war der Kreis der 12 Apostel, die als Zeugen Jesu bereits durch die Spendung der Taufe und Leitung der kultischen Feiern der Gemeinde faktisch eine priesterliche Funktion ausübten. Auch wenn sie diese Aufgaben als Diener der Gemeinschaft wahrnahmen, so galten sie doch als souverän, unantastbar und - von Gott erwählt - als Bewahrer der Lehre. Insofern handelte es sich bei der Urgemeinde nicht um eine planvolle Organisation, sondern um eine gewissermaßen "gottgegebene" Improvisation in Erwartung des nahen Gottesreiches auf Erden. Die Mitglieder der Urgemeinde sahen daher in den apostolischen Ämtern auch keine hierarchische, sondern eine gottgegebene Ordnung, zumal in ihren Augen alle Menschen vor Gott gleich waren.
Der primus inter pares dieses Kollegiums war Petrus. Er war Wortführer, Leiter der Ergänzungswahl für den 12. Apostel nach Judas Ausscheiden und Richter. Die Quellen nennen ferner das in allen jüdischen Gemeinden übliche Amt des "Ältesten" (*presbyter*), dessen Aufgaben sich allerdings über die Teilnahme an Beschlüssen für die Jerusalemer Urgemeinde hinaus nicht mehr genau erschließen lassen. Letztlich wurden aber alle Ämter und Aufgaben angesichts der Naherwartung des Gottesreiches nicht als Herrschaftsfunktionen angesehen.

Insgesamt lassen sich zu dieser Zeit erste Struktur- und Identifikationsmerkmale in ihren Grundzügen erkennen, die das Leben der Gemeinde kennzeichneten und sie von ihrer Umwelt abgrenzten. Zu ihnen gehörten die Taufe, das Herrenmahl als Sättigungsmahl, die Festlegung des Sonntags als Tag der feierlichen Versammlung der Gemeinde und karitative Tätigkeiten wie Armenspeisungen und Salbung von Kranken.

Die wenig später durch **Paulus** geprägten christlichen Gemeinden kannten ebenfalls eine Unterscheidung von leitenden und von untergeordneten Funktionen. Es handelte sich dabei allerdings um *charismata*, um charismatische Ämter, die als *diakonia*, als gleichrangige Dienste, von Gott gegeben und legitimiert waren und daher keine weltliche Ordination oder Weihe erforderten. Folglich spielte die Größe oder Bedeutung der Aufgabe ebenso wie deren private oder öffentliche Ausübung kaum eine Rolle. Für Paulus handelte es sich grundsätzlich um solidarische und kollegiale Dienstleistungen und nicht um hierarchische Befugnisse. Ganz im Sinne einer "demokratischen" Kontinuität Jesu waren auch Frauen in der Gemeinschaft der Freien, Gleichen und Geschwister - im Sinne der "Brüderlichkeit" - gleichberechtigt.

Das **Leben der urchristlichen Gemeinschaft** war durch die Erwartung der Wiederkunft Jesu und der Errichtung des Gottesreiches sowie durch das Lehren charismatischer Wandermissionare geprägt. Im Zuge ihrer Mission und der späteren Heidenmission bildeten sich vor allem außerhalb Palästinas in Kleinasien und Griechenland erste ortsfeste Gemeinden heraus, von denen im 1. Jahrhundert etwa 50 belegt sind. Die hellenistischen Gemeinden waren weniger stark strukturiert als die palästinensischen Gemeinden, die z.T. die überkommene jüdische Presbyterverfassung übernommen hatten. Beide Gemeinden organisierten sich in privaten Häusern, d.h. ihre Versammlungen fanden nicht in der Öffentlichkeit, in Tempeln oder eigenen Bauten - wie in der Antike üblich -, sondern in Hauskirchen statt. Folglich kam dem jeweiligen Hausherrn eine dominierende Rolle zu. Seine patriarchalische Autorität entsprach der antiken Vorstellung von einer Hausgemeinschaft. Ungeplant wuchsen den Hausherren im Laufe der Zeit zusätzlich zu ihren rein organisatorischen Aufgaben als Gemeindeleiter darüber hinausgehende, das gesamte Gemeindeleben betreffende Aufgaben zu. Infolgedessen wurden die Wanderapostel, deren Aufgaben den Hausherren durch die Verfestigung der Ortsgemeinden partiell zugefallen waren, allmählich als Unruhestifter und Verkünder falscher Lehren betrachtet und immer mehr in den Hintergrund gedrängt. Der Hausvater, im griechischen Sprachraum *episkopos*, d.h. Vorsteher, und im jüdischen Einflussbereich *presbyter* genannt, galt zunehmend als Garant der reinen Lehre. Zum Teil wurden die Namen Episkop und Presbyter für die Bezeichnung der mit ihnen identifizierten Ordnungen der Gemeinden synonym verwandt; welcher Name zuerst auftrat lässt sich heute nicht mehr genau rekonstruieren.

Die Ortsgemeinden - und mit ihnen die Familien - spielten solange eine entscheidende Rolle für die Ausbreitung des Christentums bis die Zahl der Christen stark zunahm und diese Aufgabe von der Kirche übernommen wurde. In der Anfangszeit bildeten sie somit zusammen mit den Familien das Fundament des Christentums; daran hat sich bis heute wenig geändert. Demnach waren die Ortsgemeinden, die das Gemeindeleben wie die Gottesdienste und die karitativen Dienste organisierten, das wichtigste Strukturelement der urchristlichen und frühkatholischen Gemeinde. Umstritten ist, welche der beiden oben genannten Ordnungen (Episkopen/Presbyter) die ältere ist. Fest steht dagegen, dass sich die Organisationsformen regional unterschieden und daher bis weit in das 2. Jahrhundert nicht von einer erkennbar einheitlichen Entwicklung von Strukturen und Ämtern gesprochen werden kann. Trotz aller Unterschiede lassen sich dennoch überregionale Gemeinsamkeiten in der Organisationsstruktur herausarbeiten. Zu ihnen gehörten eine kollegiale Gemeindeleitung, die sich im Laufe der Zeit zunehmend hierarchisierte, die Auffassung der Gläubigen einer Stadtgemeinde die "Kirche Gottes" in ihrem Ort zu bilden sowie ortsgebundene und ortsungebundenen Ämter.

Für die wachsende Bedeutung der Ortsgemeinden und ihre Verfestigung waren vor allem folgende Faktoren maßgeblich:

1. Das Abschwächen der Parusieerwartung, das die Christen veranlasste, sich organisatorisch und theologisch dauerhaft einzurichten.

2. Die Abgrenzung der Lehre nach außen und die Festigung christlicher Gemeinden nach innen als Schutz gegen destabilisierende Einflüsse und häretische Auslegungen, was die Ausprägung des biblischen Kanons zur Folge hatte. Dafür wurden autoritative Lehrer benötigt, die die nach dem Tod der Apostel entstandene Autoritätslücke schließen sollten.

3. Die im Zuge der Mission wachsende Zahl der Christen und Ortsgemeinden erforderte eine Leitung der Gemeinden und ihre Koordinierung untereinander.

Die Ausprägung erster organisatorischer Strukturen verlief parallel zu dem Prozess der Identitätsfindung, der sich vorwiegend in der Abgrenzung vom Judentum und der wechselhaften Auseinandersetzung mit dem Römischen Reich vollzog. Die zunächst nur vage funktionale Differenzierung und Spezialisierung der Ämter verfestigte sich allmählich hin zu einer institutionalisierten Presbyterial- bzw. Episkopalverfassung.

Die Stationen dieser Entwicklung lassen sich beispielhaft anhand der Pastoralbriefe, dem 1. Clemensbrief und der Didache illustrieren:

Als **Pastoralbriefe** werden die drei an die beiden Paulusschüler Timotheus und Titus gerichteten Briefe des neutestamentlichen Kanons bezeichnet, die von der paulinischen Theologie durchdrungen sind, aller Wahrscheinlichkeit nach aber nicht von Paulus stammen. Sie lassen die zunehmende Bedeutung von Amtsinhabern wie Bischöfen, Ältesten und Diakonen erkennen. Diese sollten die in ihrer Reinheit durch falsche Auslegungen und Unkenntnis gefährdete christliche Lehre bewahren und durch eine einwandfreie und tugendhafte Lebensführung Vorbild sein. Damit setzte ein Prozess ein, in dem die Ämter allmählich mit zusätzlichen Funktionen ausgestattet und aufgewertet wurden.

Der **um 96** verfasste **1. Clemensbrief,** in dem zum ersten Mal der Begriff "Amt" (*leitourgeia*) verzeichnet ist, enthält ein grundlegendes und umfassendes ordnungstheologisches Konzept: Zum einen gelten die Ämter - und somit auch die Amtsinhaber - als Teil einer gottgegebenen, heiligen Ordnung. Zum anderen wird eine Trennung von Amtsinhabern - mit anderen Worten dem Klerus - und Laien vollzogen. Begründet wird die herausgehobene Stellung der Amtsinhaber mit ihrer Einsetzung als Nachfolger der Apostel. Diese Konzeption der Ämterabfolge wird als Sukzessionstheorie bezeichnet. Ferner nennt der Brief die Ämter der Episkopen, die vermutlich mit denen der Presbyter identisch waren, und die der Diakone. Ihnen sollten sich die Gemeindemitglieder unterordnen. Mit dieser hierarchischen Ordnung offenbarte sich ein von dem Selbstverständnis der Urgemeinde deutlich abweichendes frühchristliches oder frühkirchliches Ordnungskonzept, welches dem der Leitung einer Gemeinde und des

Gottesdienstes durch einen einzelnen Vorsteher auf Lebenszeit bereits sehr nahe kam.

Die **Didache,** die vermutlich um die Jahrhundertwende vom 1. zum 2. Jahrhundert in Syrien bzw. Palästina entstand, stellt die älteste überlieferte Gemeinde- und Gottesdienstordnung des Christentums dar. Bedeutend ist sie vor allem aufgrund der in ihr enthaltenen Taufordnung und des Eucharistiemals, das nicht als Kult-, sondern (noch) als Sättigungsmahl gefeiert wurde. Die Didache zeigt aber auch, dass das Christentum nach einer umfangreichen Zeit der (Wander-)Mission am Ende des Jahrhunderts dazu übergegangen war, durch die Bildung von Ortsgemeinden feste Strukturen auszuprägen. Diese verfügten zum Teil über eine eigene schriftlich fixierte Ordnung, unterhielten Beziehungen zu anderen Gemeinden und kannten eine Vielzahl von Ämtern, die sich gliedern lassen nach:

- charismatischen Personen wie Apostel, Propheten und Lehrer, die die Aufgabe innehatten, das Evangelium zu verkünden;
- Personen innerhalb der Gemeinde wie Bischöfe, Presbyter, Episkopen und Diakone, die mit praktischen Aufgaben betraut waren.

Festzuhalten bleibt:

1. Den ursprünglich nur durch organisatorische Funktionen aus der christlichen Gemeinschaft herausragenden Amtsinhabern wuchsen Führungsaufgaben zu. Damit entfernten sich die Christen allmählich von dem Prinzip der kollegialen Leitung der Gemeinden.

2. In enger Verbindung mit den Ämtern kam den Ortsgemeinden eine wachsende institutionelle Bedeutung für den Bestand und die Entwicklung des Christentums zu. Für die spätere reichsweite Kirchenorganisation sollten sie die Grundlage bilden.

3. Die frühkatholische Kirche stellte organisatorisch noch keine Einheit dar und sah sich daher umso stärker gezwungen, sich innerlich zu festigen.

4. Dieser Prozess der Ausbildung erster organisatorische Strukturen beinhaltete sowohl eine Abgrenzung als auch eine Integration von unterschiedlichen differierenden (vulgär)christlichen Strömungen bzw. charismatischen Sekten, die das frühe Christentum genauso bedrohten wie die orientalischen Kulte, die Astrologie und die Gnosis. So ging die Verfassung von Verteidigungsschriften und die Reinerhaltung der Lehre mit institutionellen Absicherungen einher.

Die Entwicklung von den frühkatholischen Gemeinden zur altkatholischen Großkirche

Die zweite Phase des Entstehungsprozesses der katholischen Kirche ist gekennzeichnet durch die Ausbildung und Institutionalisierung hierarchischer Strukturen, die Festlegung eines Kanons und die Ausbreitung des Christentums über weite Teile des Römischen Reiches. Dennoch besaßen die Christen als religiöse Gruppierung am Ende des 2. Jahrhunderts reichsweit nur eine marginale Bedeutung: Während sie im Osten bereits größere Gebiete missioniert hatten, konnten sie im Westen nur punktuell Gemeinden bilden. Zudem war das Christentum keine einheitliche Bewegung, sondern bestand aus einer Vielfalt von organisatorischen und theologischen Entwicklungsströmungen der unterschiedlichen Gebietskirchen, die zusammen eine Gesamtkirche formten.

Der zentrale Entwicklungsprozess des 2. Jahrhunderts war durch einen allmählichen Übergang von einer kollegialen Gemeindeleitung zu einer monarchischen Führung der Ortskirchen mit einem Bischof an der Spitze gekennzeichnet. Er verlief nicht in allen Gemeinden gleichzeitig und gleichmäßig, sondern er ist vielmehr als eine fließende Entwicklung anzusehen, die sich über das gesamte 2. Jahrhundert erstreckte.

Der Bischof **Ignatius von Antiochia** war der erste, der ein einzelnes, hervorgehobenes Amt, das des monarchischen Bischofs, forderte. Dieses auch als monarchisches Episkopat (*Monepiskopat*) bezeichnete Amt sah vor, dass nur ein Bischof die Gemeinde leiten sollte.

Den monarchischen Anspruch eines einzelnen Bischofs leitete Ignatius von der göttlichen Ordnung ab. Das bedeutete, dass jeder Bischof in seiner Gemeinde die Stellung des einen christlichen Gottes einnehmen sollte und dadurch die irdische Hierarchie zum Abbild der himmlischen Ordnung wurde.

Ignatius wies mit diesem Vorschlag der innerkirchlichen Entwicklung eine neue Richtung. Zum Anfang des 2. Jahrhunderts besaßen die Bischöfe noch keineswegs die Bedeutung, die sie am Ende des 2. Jahrhunderts in weiten Teilen des Römischen Reiches inne hatten. Allerdings deutete sich die Herausbildung eines Führungsamtes, das aus dem Amt des Aufsehers (*episkopos*) hervorging, bereits an, wenn auch Ignatius das Amt des Bischofs nicht als das eines Vorgesetzten des Klerus verstand, sondern als das eines charismatischen Garanten der Reinheit der Lehre und der kirchlichen Einheit.

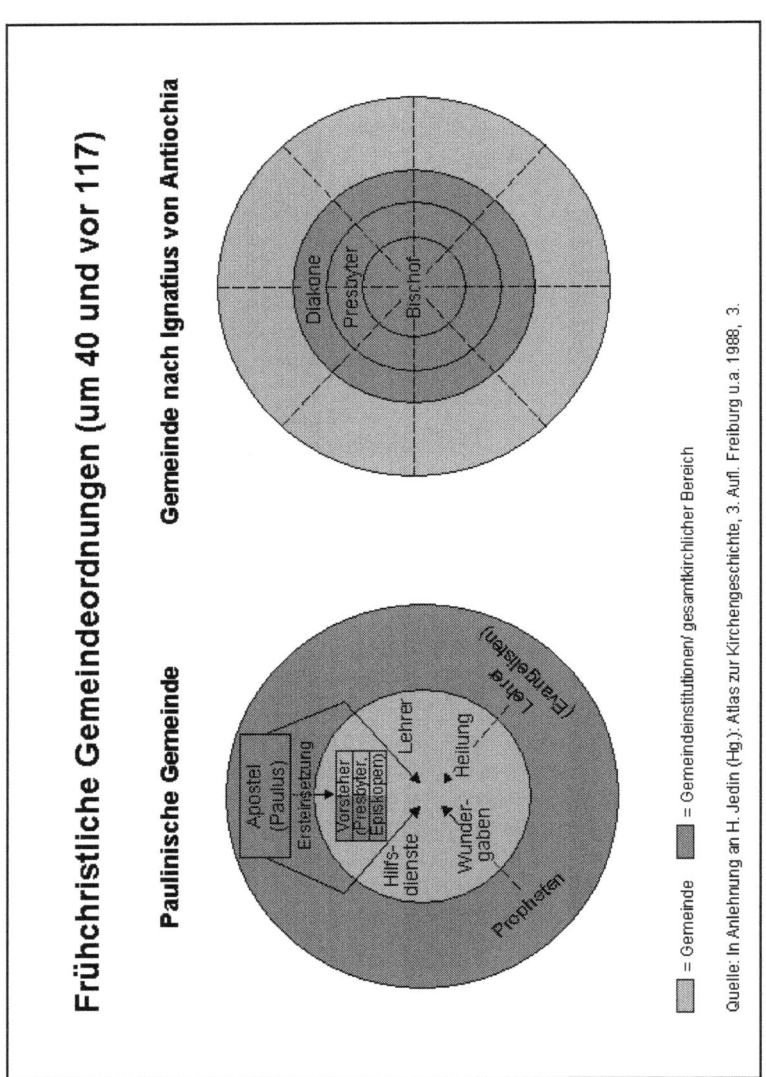

Abb.2: Frühchristliche Gemeindeordnungen

In diesem Sinne kann Ignatius Forderung nach dem monarchischen Episkopat als ein Versuch der Selbstorganisation verstanden werden, der der Stabilisierung der durch die Ausbreitung des Christentums entstandenen improvisatorischen Strukturen- und Lehrenvielfalt und damit zugleich als Grundlage für eine weiterführende Mission und Ausbreitung dienen sollte. Ferner bot sich mit dem Amt eines gottgegebenen Bischofs eine Möglichkeit, das durch den Tod der Apostel entstandene "Autoritätsloch" (C. Andresen/A. M. Ritter) zu schließen.

Dieser erste Ansatz einer bischöflichen Kirche, der sich seit Mitte des 2. Jahrhundert im Osten und Westen durchsetzte, entwickelte sich in drei Phasen fort:

1. Orstgebundene Bischöfe setzten sich gegenüber anderen Ämtern wie dem Amt der Presbyter und Diakone als alleinige Gemeindeleiter durch. Damit entstand eine feste Gemeindeorganisation.

2. Der Bischof übernahm in einer Stadt die Leitung mehrerer Gemeinden. Damit entstand eine übergemeindliche Stadtorganisation.

3. Der Bischof wurde im Zuge der Ausbreitung des Christentums von den Städten auf das Land zum Vorsteher eines ganzen Kirchengebietes. Damit entstand eine übergemeindliche Gebietsorganisation.

Ihren Endpunkt fand diese Entwicklung in der Sonderstellung und dem Primats des Bischofs von Rom, der seit dem 6. Jahrhundert den Titel Papst trug.

Der monarchische Episkopat - mit dem Bischof als Leiter der Gebietskirche und als Vorgesetztem des übrigen Klerus - setzte sich zum Ende des 2. Jahrhunderts in Palästina, Kleinasien und Rom durch. Zudem entstanden erste feste Regeln für ein kanonisches Priesterrecht. Folgende Strukturen lassen sich diesbezüglich skizzieren:

Die **Bischöfe** leiteten die Gesamtgemeinde im Sinne eines umfassenden Ortsbereichs, während die Presbyter in einer Ortsgemeinde amtierten. Die Kompetenz der Bischöfe umfasste Lehrentscheidungen, die Weihegewalt, die disziplinarische Gewalt und im 3. Jahrhundert auch die Bußgewalt. Der Bischof, der als Nachfolger der Apostel charismatisch legitimiert war, fungierte als Mittler zwischen Gott und den Menschen und als Verwalter der Sakramente. Er überwachte zudem die Reinheit der Lehre und hütete die kirchliche Ordnung.

Durch die Personalisierung des Bischofsamtes war die Auslegung der Lehre und die Organisation der Kirche zunehmend von den Zielen und dem Einfluss einzelner Bischöfe abhängig. Die apostolische Sukzession der Bischöfe wurde zu einer tragenden Säule für die weitere Entwicklung der Kirche.

Dem Bischof waren - wie schon erwähnt - die anderen Mitglieder des **Klerus** unterstellt. Den Begriff "Klerus" verwandte bereits Tertullian (* um 160; † nach 220) als Sammelbezeichnung für die Ämtertrias Bischöfe, Presbyter bzw. Priester und Diakone.[89]

Die **Presbyter** wuchsen von ihrer Rolle als Unterstützer der Bischöfe beim Gottesdienst und der Gemeindeleitung in die Funktion ihrer Stellvertreter; wenn ihnen auch das Taufrecht von den Bischöfen nur sehr zögerlich übertragen wurde. Später leiteten sie aufgrund des Anwachsens der Stadtgemeinden und ihrer Ausweitung auf das Land unter der Obhut der Bischöfe selbstständig Pfarrgemeinden. Damit wurden aus Presbytern Priester (*sacerdotes*).

Die **Diakone**, die den Bischöfen im Gemeindeleben bei der Liturgie und der Versorgung Armer, Kranker und Marginalisierter Dienste leisteten, entwickelten sich immer mehr zu Verwaltern des Gemeindebesitzes.

Ferner übten Subdiakone, Lektoren, Exorzisten, Witwen und Jungfrauen sowie Akolythen und Ostiarier (Türwächter) Ämter in der Gemeinde aus. Ähnlich einer Beamtenlaufbahn entwickelte sich eine klerikale Laufbahn, so dass der Zugang zu den höheren kirchlichen Ämtern allmählich formell reglementiert und damit verschlossen wurde.

Die **Frauen** verloren im Verlauf des 2. Jahrhunderts ihre Gleichberechtigung und innerkirchliche Bedeutung. Das Priesteramt blieb ihnen wie viele andere Funktionen in der Kirche verwehrt. Zur gleichen Zeit bildete sich der Stand der Jungfrauen, die auf die Ehe verzichteten und im 4. Jahrhundert als Nonnen bezeichnet wurden, heraus. Allerdings spielten Frauen in den Hausgemeinden nach wie vor eine wichtige Rolle und wurden auf diese Weise zu Trägern der Verbreitung des Christentums bis an den kaiserlichen Hof.

Neben der Ausprägung von Ämtern festigte sich das Gemeindeleben auch durch Gottesdienstordnungen, der institutionalisierten Vertretung der christlichen Gemeinden gegenüber den römischen Behörden und der Regelung des Verhältnisses der Gemeinden untereinander.

Um 195 wurden erstmals **Synoden** im Zusammenhang mit dem Streit um die Datierung des Osterfestes als Mittel der Kommunikation zwischen den Gemeinden abgehalten. Synoden waren Versammlungen der Bischöfe, auf denen gemeindeübergreifende Probleme thematisiert und abgestimmt wurden. Ziel war die Bildung und Aufrechterhaltung eines einheitlichen, gesamtkirchlichen Kanons, der durch das Wachstum der Christengemeinden im gesamten Römischen Reich und der Abwehr von häretischen Strömungen wie der Gnosis, einer mit dem Christentum verwandten spekulativen Religionsphilosophie, und der Marcionitischen Kirche, einer sich in restaurativem bzw. reformerisch auf die Ursprünge des Christentums zurück besinnenden Bewegung, notwendig wurde. Die Bedeutung und der Einfluss der Gnosis ist nicht zu unterschätzen, da sie dem Christentum nahestand, sich aber als eigenständige religiöse Bewegung zu einer ernst zu nehmenden Konkurrenz und Gefahr für das Christentum entwickelte.

Die Synoden wurden zunächst regional, später auch ökumenisch, d.h. reichsweit, einberufen. Die Bischöfe waren auf den Synoden als Nachfolger der Apostel zunächst gleichberechtigt und symbolisierten so die Einheit der Kirche. Allerdings besaßen einige Bischofssitze ein besonderes Ansehen, zu ihnen gehörten vor allem Rom, Antiochia und Alexandria. Trotz der Vielfalt der christlichen Gemeinden bildete sich in dieser Zeit ein einheitliches organisatorisches und theologisches Bewusstsein heraus: die katholische Kirche. In ihr verstanden sich die Christen nicht nur als himmlische, sondern auch als irdische Gemeinschaft.

Zu **Beginn des 3. Jahrhunderts** trat die Kirche als selbstständige Religion erfolgreich in das öffentliche sowie in das religiöse und politische Bewusstsein des Römischen Reiches. Nachdem sich das Christentum vor allem im griechischen Osten erfolgreich ausbreiten konnte, gelang ihm nun auch die Eroberung der lateinischen Welt. Mit dieser Eroberung und Ausbreitung ging ein innerkirchlicher Paradigmenwechsel einher. Während in der Urgemeinde Juden und Heiden einen prägenden Einfluss ausübten, dominierten bald nur noch Heiden das Christentum. Hebräisch bzw. Aramäisch und Griechisch wurden allmählich vor allem im Westteil des Römischen Reiches vom Lateinischen abgelöst, Rom trat als geistig-religiöses Zentrum an die Stelle Jerusalems, die "palästinisch-jüdische" Kultur wurde von einer hellenistisch-römischen verdrängt und das Monepiskopat mit dem Führungsanspruch des römischen Bischofs ersetzte die Presbyterverfassung. In dieser Zeit verhielten sich die römischen Behörden zunehmend wohlwollend gegenüber den Bischöfen und der Kirche, so dass diese zuweilen ein hohes Ansehen genossen und wichtige staatliche Ämter bekleideten. Das Christentum wurde faktisch als religiöser Kultverein anerkannt.

Im Verlauf des 3. Jahrhunderts erfolgte parallel zum Anwachsen der wirtschaftlichen und finanziellen Verwaltung der Gemeinden ein Ausbau der nun in haupt- und nebenamtliche Tätigkeiten (*clerus major* und *clerus minor*) gegliederten Ämter. Zum *clerus major* zählten die durch die Weihe in ihre Ämter eingeführten Bischöfe, Presbyter und Diakone. Sie wurden für ihre hauptamtliche Arbeit entgolten und erfuhren dadurch eine zusätzliche Festigung und Elitarisierung ihrer Positionen. Der *clerus minor* umfasste alle übrigen Ehrenämter von den Subdiakonen bis zu den Ostiariern. Beispielhaft kann die Gliederung der römischen Gemeinde[90] um das Jahr 251 den Umfang der Organisation und des Führungs- und Funktionsapparates des Bischofs verdeutlichen. Sie bestand aus 46 Presbytern, 7 Diakonen, 7 Subdiakonen, 42 Akoluthen (Gehilfen der Diakone v.a. im Gottesdienst), 52 Exorzisten, Lektoren (Vorleser im Gottesdienst) und Ostiariern (Türhüter, die für den Einlass bei Gottesdiensten sorgen) sowie aus mehr als 1500 Witwen und Hilfsbedürftigen. Die klare Trennung der Gemeinde in Klerus und Laien, die sich bereits in der **um 215** entstandenen Kirchenordnung des Bischofs Hippolyt von Rom (s. Abb.3) widerspiegelt und sich schließlich in der Kirche durchsetzte, wurde zum Anfang des 3. Jahrhunderts auch in der Sitzordnung der Kirchengemeinde bei ihren Versammlungen deutlich. Klerus und Laien saßen sich - nach Ämtern getrennt - gegenüber. Die Einhaltung dieser Ordnung wurde von den Diakonen überwacht.

Der Preis dieser Entwicklung - die Spaltung der Kirche in Kleriker und Laien - war eine Entmündigung und ein Einflussverlust der Gemeinde, der mit dem Verlust der Gleichberechtigung von Mann und Frau einherging und sich bereits im Zuge der Patriarchalisierung des Christentums angedeutet hatte. Zudem führte der wechselseitige Prozess der Institutionalisierung und Ritualisierung des Christentums zu einer "Erstarrung" der Traditionen und der Lehre, die sich zunehmend von der charismatischen Verkündigung der Heils- und Liebesbotschaft Jesu entfernte

Bei **Cyprian**, dem Bischof von Karthago, ist das monarchische Bischofsamt bereits voll ausgebildet (**248/50**). Cyprian, dessen Überlegungen von einer "Liebeskirche" bis zur "konstantinischen Wende" für die Kirche maßgeblich waren, sah die Bischöfe als eine Gemein-

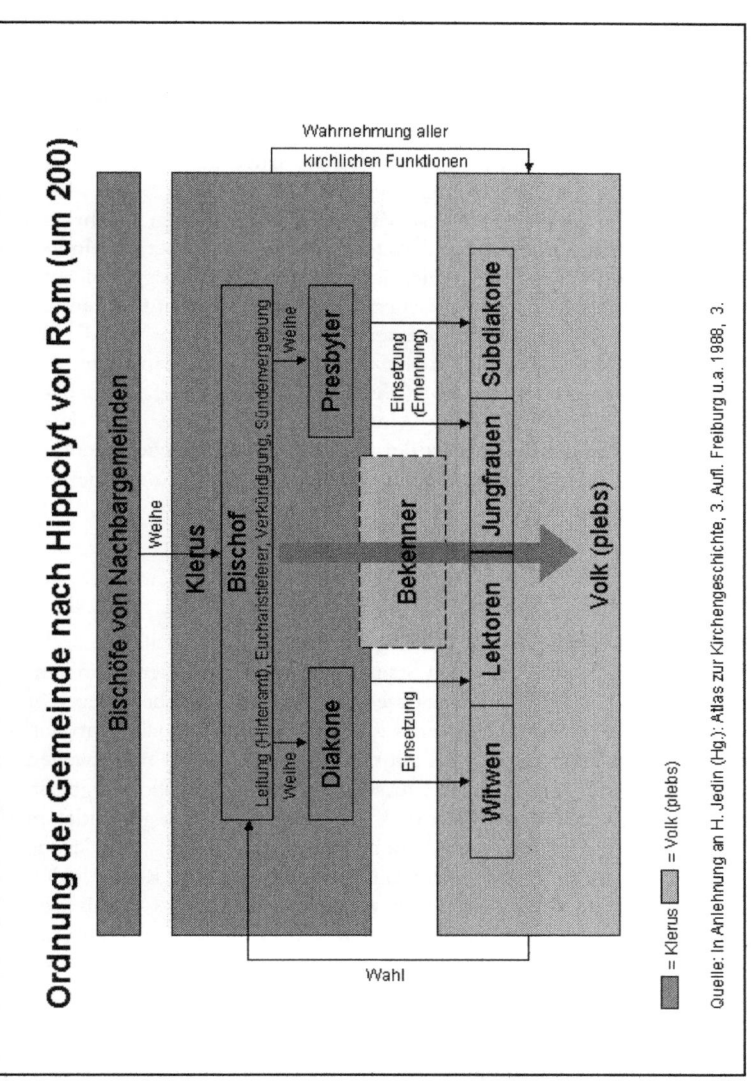

Abb.3: Ordnung der Gemeinde nach Hippolyt von Rom

schaft von grundsätzlich Gleichgestellten an und lehnte den Primat der römischen Gemeinde und ihres Bischofs ab. Dennoch genoss die römische Gemeinde ein besonderes Ansehen. Das lag vor allem daran, dass Rom eine herausragende Bedeutung als administratives, kulturelles und geistiges Zentrum des Römischen Reiches besaß. Dies übertrug sich auf die Gemeinde der Hauptstadt, die nicht nur die größte des Reiches war, sondern auch ihre Gründung auf die Apostel Petrus und Paulus zurückführen konnte.

Neben dem monarchischen Bischofsamt bildeten sich im 3. Jahrhundert - gefördert durch die Friedenszeit von 260-303 - übergemeindliche Organisationsformen heraus, die an die Verwaltungsgliederung des Römischen Reiches mit seinen Provinzen angelehnt waren. So entsprach eine Kirchenprovinz einer Provinz des Reiches und der Bischof der Metropole dieser Provinz wurde zu ihrem Metropolit, d.h. zum ersten führenden Bischof (Metropolitanverfassung). Allmählich trat so dem römischen Kaiser eine Organisation gegenüber, deren Festigkeit und Geschlossenheit der Ordnung seines Reiches ebenbürtig geworden war und als "Staat im Staat" einen ernst zu nehmenden Machtfaktor darstellte.

Die Entstehung der reichskatholischen Kirche

Mit den Verfolgungen nach 250 ging eine grundsätzliche Veränderung der Politik des römischen Staates im Umgang mit dem Christentum einher. Das spontane, reaktive und partielle Vorgehen einzelner Kaiser gegenüber den Christen - zumeist durch regionale Unruhen ausgelöst - wurde von einer Politik der systematischen reichsweiten Auseinandersetzung mit dem Christentum als Organisation abgelöst. Die Verfolgungen waren Ausdruck dieser grundsätzlich gewandelten Politik und spiegelten eine doppelte, interdependente Veränderung des Verhältnisses von Christentum und Römischem Reich wider: Zum einen war das Christentum zu einer gefestigten Organisation von reichsweiter Bedeutung geworden, mit einer ausgeprägten Hierarchie, an deren Spitze prominente Führer standen, einem universal gültigen eigenen Gesetz und einem stetig anwachsenden Vermögen. Zum anderen nahmen die Kaiser und der römische Staat diese christliche Organisation als ernst zu nehmende Größe wahr und konnten folglich nicht umhin, sich grundlegend und reichsweit mit dem Christentum auseinanderzusetzen.

Konstantin erkannte wohl die Kraft dieser christlichen Organisation, auch in Anbetracht der Erfolglosigkeit der Verfolgungen, und ließ zu, dass das Christentum in Gestalt der katholischen Kirche allmählich die römische Staatsreligion überlagerte und ersetzte und faktisch zur Reichskirche wurde. Für die kirchliche Organisation brachte dies zwar eine Anpassung an die Verwaltungsgliederung des Reiches auf dem Konzil von Nicaea (325), aber keine grundlegende Veränderung ihrer Struktur. Tatsächlich hatte diese enorme Aufwertung der katholischen Kirche weit reichende Auswirkungen über die Kirche hinaus: Staat und Kirche verschmolzen im Laufe der Zeit und die das Reich umspannende Organisation der Kirche zog einen gesellschaftlichen Umwandlungsprozess nach sich, in dem Bischöfe und Kleriker zu einer neuen sozialen Macht wurden, die Gesellschaft christianisiert und das Heidentum bis zur Bedeutungslosigkeit marginalisiert wurde. Gleichzeitig schritt die Hierarchisierung und Einigung der Kirche durch die Ausgrenzung von Sonderentwicklungen und die Beilegung von Lehrstreitigkeiten voran. Auf diese Weise entstand eine stabile Organisation, die wesentliche Elemente der römischen Reichsidee integriert hatte und derart gefestigt war, dass sie den Verfall des Römischen Reiches in gewisser Weise beschleunigte und überdauerte.

5. Resümee und Ausblick

Die vorangegangenen Kapitel haben die Geschichte der ersten 400 Jahre des Christentums, seine Entwicklung und Durchsetzung im Römischen Reich - vom historischen Jesus bis zur Staatsreligion - unter Strukturgesichtspunkten dargestellt. Dabei hat die Abfolge der historischen Fakten gezeigt, warum sich das Christentum so entwickelte wie es sich entwickelte. Die Geschichte des frühen Christentums ist von dieser Warte aus betrachtet eine "Erfolgsgeschichte". Daher seien an dieser Stelle die wichtigsten Erfolgsfaktoren resümiert:

1. Der historische Jesus und seine zeitlose Botschaft, die schon bald in der Gestalt des theologischen Jesus verschmolzen, sind die tragende Kraft des Christentums.

2. Die pax romana, das polytheistische Religionsverständnis der Römer und die staatliche Duldung und Förderung des Christentums bildeten günstige Rahmenbedingungen für dessen Entwicklung und Ausbreitung.

3. Die Dynamik der Mission und der reichsweiten Ausbreitung der christlichen Lehre durch charismatische Berufsmissionare, allen voran Paulus, sowie die nachbarschaftliche Verbreitung des Glaubens in den Gemeinden und über die Gemeinden hinaus ermöglichten den Aufstieg von einer lokalen Bewegung zu einer Staatsreligion.

4. Die Einzigartigkeit der Organisation und der Verbundenheit der katholischen Kirche erwies sich durch ihre "autarke" Stellung auf allen Hierarchieebenen der polytheistischen römischen Gesellschaft als überlegen.

5. Die Integrationskraft des Christentums verband bis dahin getrennte Sphären wie Philosophie, Riten und Moralvorstellungen sowie Elemente anderer religiöser Strömungen miteinander und wahrte dennoch die eigene monotheistische Identität.

6. Diese Fähigkeit und die Tatsache, dass das Christentum eine ernst zu nehmende Gefahr für den römischen Staat darstellte, indem es sogar die Formen des Staates übernahm, machte das Christentum zu einem entscheidenden Wandelfaktor für das Römische Reich und die Antike.

7. Die christliche Ethik übte eine besondere Anziehungskraft für viele Menschen und deren Zusammenleben aus. Urmenschliche Fragen nach Schuld und Tod beantwortete das Christentum mit Vergebung und Hoffnung und gab vielen Menschen geistige und körperliche Nahrung.

Jenseits des rein geschichtlichen Geschehens bleibt die Frage nach einem Erklärungsmuster für die Ursache-Wirkungszusammenhänge und die daraus resultierenden historischen Entwicklungslinien offen. An dieser Stelle bleibt nur Raum für einige Anregungen. Sicher ist, dass die Entwicklung des Christentums ohne Plan verlief. Erst im Nachhinein erscheinen die Entwicklungslinien klar, da die Möglichkeit besteht, sie aufzuzeigen und nachzuzeichnen. Tatsächlich war der Entstehungsprozess des Christentums von Vornherein durch das Einwirken unterschiedlichster Faktoren nicht vorherbestimmbar, sondern erfolgte zufällig.

Besonders in der Anfangszeit kam einzelnen Personen eine wesentliche Bedeutung zu; Jesus und Paulus waren die herausragendsten. Ferner müssen die Rahmenbedingungen der Umwelt wie die Religionspolitik der Kaiser berücksichtigt werden, da sie dieser Entwicklung den Raum vorgaben. Für die Bestimmung der Entwicklungsrichtung nach wichtigen Entscheidungen - wie die der Heidenmission auf dem Apostelkonzil - sprechen sehr menschliche Aspekte wie Überzeugungs- und Durchsetzungskraft eigener Interessen; dennoch müssen angesichts der z.T. problematischen und lückenhaften Quellenlage viele Fragen offen bleiben. So gibt es beispielsweise keine zwingende Erklärung für den Tod Jesu und schon gar nicht für seine Auferstehung. Beide zusammen stellen aber das zentrale konstituierende Moment in der theologischen und historischen Begründung des Christentums dar.

Aufschlüsse würde auch die bisher weitgehend unerforscht gebliebene Untersuchung systematischer Gemeinsamkeiten der christlichen Lehre und Organisation mit Strömungen der Antike und des Altertums geben. An dieser Stelle sei beispielhaft auf bereits thematisierte Einflüsse des Judentums und des Hellenismus sowie die hier nicht behandelte Bedeutung der Mysterienreligionen, des Mithraskultes, des Platonismus und der Stoa oder der antiken Demokratie für das Christentum hingewiesen. Fragen nach der Rolle von Tod, Wiedergeburt bzw. Auferstehung, Jenseitsverheißung, Feindesliebe und Gleichheit wurden keineswegs zuerst vom Christentum thematisiert, sondern haben die Menschen bereits Jahrhunderte, wenn nicht Jahrtausende zuvor beschäftigt. In diesem Zusammenhang erscheint es wichtig noch einmal abschließend darauf hinzuweisen, dass das Christentum unmittelbar nach seiner "Staatswerdung" und seiner Verflechtung mit dem Römischen Reich die Verhaltensmuster seiner Gegner übernahm. Diese (erste) Phase der christlichen Intoleranz und Verfolgung Andersdenkender, die in der völligen Ausschaltung des antiken Götterglaubens kulminierte, zeigt wie weit sich die Christen von der ursprünglichen Heils- und Liebesbotschaft ihres Gründers entfernt hatten, ja diese ins Gegenteil verkehrten. Von diesem Zeitpunkt der Machterlangung an orientierte sich das Christentum vorwiegend am Erreichten. Neue und andere Einflüsse, die bis dahin integriert wurden, blieben fortan ausgeschlossen und die dynamische Lehre und Organisation erstarrte. Die himmlische und irdische Gemeinschaft verlor das Himmlische zunehmend aus den Augen. So trug das Christentum, das das Mittelalter in vielerlei Hinsicht prägte und eine bedeutende Rolle im Untergang des Römischen Reiches spielte, im Vergleich zu den Errungenschaften der Antike zu einer jahrhundertelangen Phase der geistigen Beschränkung bei. Erst mit der Renaissance knüpfte Europa wieder an die Errungenschaften der Antike an. Dennoch kann das Christentum von seinen Grundprinzipien her als eine Bereicherung für die antike und moderne Welt angesehen werden.

Heute sind Staat und Kirche entkoppelt. Das Christentum muss sich mit zahlreichen Problemfeldern und Herausforderungen auseinander setzen. Diese umfassen neben anderen eine zunehmende Konkurrenz durch andere Glaubensrichtungen und eine steigende Zahl von Kirchenaustritten sowie eine eurozentrische Prägung der Kirche, deren Mitglieder in der Mehrheit aber aus Ländern der Dritten Welt stammen. Viele Erklärungsmuster der Kirche passen nicht mehr zur globalisierten wissenschaftlichen Welt von heute. Auch haben viele Entwicklungen die christliche Kirche überholt. Eine Neuorientierung und Rückbesinnung auf die zeitlose Botschaft des historischen Jesus, die Flexibilität und Integrationskraft des frühen Christentums und die (religiöse) Toleranz des Römischen Reiches erscheint auch vom historischen Standpunkt aus lohnenswert.

Anmerkungen

[1] Siehe Mt 4, 19 und Lk 5, 1-10

[2] Nachfolgend werden die griechischen Begriffe aufgrund einer besseren Allgemeinverständlichkeit in einer "eingedeutschten" Schreibweise wiedergegeben.

[3] Unter systemtheoretischem Blickwinkel betrachtet kann das Christentum als ein Subsystem des übergeordneten Systems Römisches Reich angesehen werden. Beide Systeme beeinflussten sich wechselseitig. Aus der Sicht des Christentums ist das Römische Reich die Umwelt, die als Entwicklungsraum für das Christentum Entfaltungs-Möglichkeiten und -Hemmnisse bietet. Das Christentum wiederum beeinflusst durch die Impulse, die es in das Römische Reich trägt, dieses nachhaltig. Die vorliegende Darstellung verfolgt insofern die Geschichte dieser System-Umwelt-Beziehung.

[4] Siehe die Literaturhinweise am Ende des Buches.

[5] Die "innerkirchlich-theologischen" Auseinandersetzungen sind zwar von maßgeblicher Bedeutung für die Entstehung und weitere Entwicklung des Christentums und der katholischen Kirche, aber sie treten vor dem Hintergrund der Konzeption dieser Arbeit, nämlich der Schilderung des Verlaufs der Auseinandersetzung des Christentums mit dem Römischen Reich, zurück. Zudem würden sie den Rahmen einer derart knapp gefassten Überblicksdarstellung sprengen.

[6] Zu den Quellen siehe die Literaturhinweise.

[7] Zur Übersicht sind Theissen/Merz (1997), besonders 69, daneben 35-96 hilfreich.

[8] Einen ersten schnellen Zugang zu den Begriffen ermöglichen das Lexikon Alte Kulturen (1993), das Bibellexikon (1968), die Theologische Realenzyklopädie (TRE) (1977-1998) und das Kirchengeschichtliche Repetitorium von Sommer/Klahr (1997).

[9] Merkmale des Kaiserkultes waren das Hofzeremoniell, Insignien der kaiserlichen Macht, die Idealisierung der kaiserlichen Portraits, die Ausweitung des kaiserlichen Wohnsitzes zum Palast und die Stilisierung des Monarchen zum Weltherrscher.

[10] Der vollständige offizielle Titel des Augustus, der bis zur Verleihung dieses Ehrennamens durch den Senat Octavian hieß, lautete seit dem 16. Januar 27 v. Chr. *Imperator Caesar divi filius Augustus*. Der Name Augustus (der Erhabene) erinnert an das dem Stadtgründer Romulus gesandte Himmelszeichen *augurium augustum* und steht nach orientalisch-hellenistischem Brauch für einen charismatischen Herrschernamen, der von *augere* (vergrößern) abgeleitet ist. Der Bestandteil des Namens *Caesar divi filius* (Sohn des Gottes Caesar) rückte Augustus in die Nähe der Götter. Ihm zu Ehren wurde der Monat *Sextilis* in Augustus umbenannt.

[11] Israel bezeichnet zum einen das Nordreich der Landschaft Palästina und zum anderen das vom jüdischen Gott Jahwe auserwählte Volk; Juda zum einen das Südreich und zum anderen einen Stamm des israelischen Stammesverbandes; Judäa eine jüdische bzw. römische Provinz, die aus dem Südreich Juda hervorgegangen ist und Palästina neben der Landschaft später auch die unter römischer Herrschaft zu einer Provinz zusammengefassten Gebiete Israel und Judäa.

[12] Die Philister waren eine Gruppe der Seevölker, die sich - aus dem ägäischen Raum kommend - seit dem 14. Jahrhundert v. Chr. im Vorderen Orient ansiedelten und im 11. Jahrhundert v. Chr. in den Kämpfen gegen die von Saul geführten israelitischen Stämme unterlagen.

[13] Die Bewohner des Reiches Juda (925-587 v. Chr.) und der Provinz Judäa (63 v. Chr.-132/35) werden in der Bibel mit dem hebräischen Wort *yehudi* bezeichnet. Da Judäa nach dem Babylonischen Exil eine dominierende Position gegenüber Israel erlangte, werden die Angehörigen des Volkes Israel, die sich selbst "Israeliten" nennen, von den Nicht-Juden als "Juden", in der Diaspora (Gebiete, in denen die Juden konfessionell in der Minderheit sind) auch als "Hebräer", bezeichnet. Allmählich setzte sich dann die Bezeichnung "Jude" durch.

[14] Vgl. Theissen/Merz (1997), 126f.

[15] Einen anschaulichen Überblick über die verschiedenen jüdischen Religionsparteien geben Theissen/Merz (1997), 135.

[16] Von den Sadduzäern existieren keine Aufzeichnungen. Die wichtigsten Quellen, die über sie berichten, sind Flavius Josephus sowie Textstellen im Neuen Testament, bei den Kirchenvätern und rabbinische Quellen.

[17] Neben wenigen archäologischen Funden existieren lediglich Sekundärzeugnisse, die die Pharisäer in unterschiedlichem Licht erscheinen lassen. Die wichtigsten Quellen entsprechen den bei den Sadduzäern genannten.

[13] Die Quellenlage ist für die Gruppierung der Essener aufgrund der als Qumrantexte überlieferten Selbstzeugnisse vergleichsweise gut. Die wichtigsten nicht-essenischen Quellen stammen von Philo von Alexandrien, Plinius dem Älteren und Flavius Josephus.

[19] Theissen/Merz (1997), 129.

[20] Die Urgemeinde bestand aus den Jüngern und Anhängern Jesu, die sich nach seinem Tod zunächst in Jerusalem versammelten (siehe Kapitel 2.2.3).

[21] In diesem Kapitel werden für alle Interessierten einige leicht zugängliche Quellenangaben aus der Bibel aufgeführt.

[22] An dieser Stelle sei auch auf die vorwiegend theologischen Bezeichnungen wie Menschensohn, Sohn Gottes, Erlöser, Heiland und Rabbi verwiesen. Siehe dazu die Ausführungen in der TRE (1977-98), dem Bibellexikon (1968) und bei Theissen/Merz (1997).

[23] 1. Kön. 1, 39

[24] 1. Sam. 24, 7

[25] Mk 11, 10; Lk 24, 21; Mt 20, 29ff.

[26] Mk 1, 9-24; 10, 47; 14, 67; 16, 6; Joh 1, 45f.; 18, 5-7

[27] Lk 4, 16; Mt 2 und Lk 2; Lk 2, 11

[28] Mt 2, 1f.; Lk 1, 5; Josephus: Ant 17, 167.213; Bell 2, 10

[29] Gal 1, 18-2, 1

[30] Mk 15, 42; Mt 27, 62; Lk 23, 54; Joh 19, 31-42

[31] Joh 18, 28 und 19, 31

[32] Mk 6, 3

[33] Mk 6, 1

[34] Mk 1, 9; 1, 24; 6, 1f.; 10, 47; Joh 1, 45f.; 18, 5; Apg 10, 38 und auch Lk 18, 37! etc.

[35] Mk 6, 3

[36] Mk 3, 21

[37] Mk 3, 31-35, Joh 7, 1-9

[38] Apg 1, 14; 1. Kor 9, 5; 15, 7

[39] Mk 6, 1-6

[40] Mt 4, 18; 15, 29; Mk 1, 16; 7, 31; Joh 6, 1

[41] Die wichtigsten Quellen über Johannes den Täufer und seine Botschaft sind die vier Evangelien und die Apostelgeschichte. Die einzige nicht-christliche Quelle stammt von dem jüdischen Historiker Flavius Josephus: Ant 18, 116-119.

[42] Lk 3, 1

[43] Mk 1, 4f.

[44] Mt 3, 7; Lk 3, 7

[45] Josephus: Ant 18, 119; Mk 6, 17-29

[46] Theissen/Merz (1997), 141.

[47] Josephus: Ant, 18, 109-116; Mk 6, 17-29

[48] Mt 3, 4; Mk 1, 6; Lk 7, 33; Jes 40, 3

[49] Lk 1, 17; Apg 11, 3-14; Mt 11, 13f.; Mt 17, 11-13; Mk 1, 2; 9, 12f.

[50] Mk 1, 5; 1, 9-11

[51] Josephus: Ant 18, 117; Mk 1, 4f.

[52] Mt 11, 12-14; Mt 17, 11-13; Mk 9, 12f.

[53] Mt 11, 2f.; Lk 7, 19f.

[54] Mt 11, 11-14; Lk 7, 18-20

[55] Lk 3, 15f. und Joh 1, 8; 1, 19ff.; 3, 28

[56] Lk 3, 16

[57] Joh 1, 8; 1, 19ff.

[58] Lk 1f.

[59] Mt 3, 2; 4, 17

[60] Mk 9, 9-13

[61] Mk 1, 15; Lk 10, 9

[62] Mt 13, 44-46, Mk 2, 18ff.

[63] Lk 13, 31

[64] Theissen/Merz (1997), 382.

[65] Vgl. Becker (1996), 400-413.

[66] Jer 26, 1-19; vgl. auch Josephus: Ant 13, 79

[67] Mk 15, 2-5

[68] Siehe dazu stellvertretend Heiligenthals Auseinandersetzung mit Verschwörungstheorien und anderen Spekulationen im Zusammenhang mit dem historischen Jesus und dessen Tod: Roman Heiligenthal: Der verfälschte Jesus. Eine Kritik moderner Jesusbilder, Darmstadt 1997.

[69] Zur Erklärung der Begriffe siehe die Ausführungen in Kapitel 2.3.2.

[70] Siehe dazu das Unterkapitel: Die Entstehung des Namens "Christen".

[71] Vgl. Küng (1995), 89, 145 und sein prägnantes Schaubild im Vorsatz.

[72] Apg. 26, 28

[73] Magn. 10, 1-3

[74] Smyrn. 8, 2

[75] Apg 11, 26

[76] Zum Unwesen des Christentum siehe Küng (1995), 32f.

[77] Römerbrief 13, 1-7

[78] Minucius Felix: Octavius, 8, 1-9; Tacitus: Ann 15, 44 und Plinius: Briefe X 96

[79] Tacitus: Ann 15, 44, 4

[80] Wichtigste Quelle für den Brand Roms und die neronischen Maßnahmen ist Tacitus: Ann. 15, 38-44. Auch Suetons Nero-Vita (16, 2) ist diesbezüglich aufschlussreich.

[81] Tertullian: Apol. 5, 3

[82] Tertullian: Ad nat. I 7, 9

[83] Als Quelle für das Decius-Edikt und die Folgen für die Kirche dienen Cyprians: De lapsis und Eusebios: Hist. Ecc. VI.

[84] Laktanz: De mort. Pers. 15, 16 und Eusebios: Hist. Ecc. VIII

[85] Frank (1996), 88.

[86] Küng (1995), 218.

[87] Eusebios: De vita Constantini I, 28-31 und Laktanz: De mort. Pers. 44, 5-6

[88] Magn. 10, 1-3 und Smyrn. 8,2

[89] Tertullian: De monogamia 12, 1; De fuga 11, 2

[90] Siehe dazu den Brief des römischen Bischofs Cornelius an seinen Kollegen Fabian in Antiochia: Eusebios: Hist. Ecc. VI, 43, 11.

Literaturhinweise

Die Forschung hat eine kaum mehr übersehbare, geschweige denn zu bewältigende Fülle von Veröffentlichungen hervorgebracht. Das liegt u.a. daran, dass sich zwei wissenschaftliche Disziplinen - die Geschichte und die Theologie - mit der Erforschung des frühen Christentums beschäftigen. Es wäre wünschenswert, noch eine dritte - die Altertumswissenschaft - in verstärktem Maße mit einzubeziehen und eine interdisziplinäre Zusammenarbeit zu fördern.

Bei aller Bedeutung der Details droht die Gefahr, den Überblick über die Gesamtzusammenhänge zu verlieren. Die Informationsflut und der Trend zu Detailstudien haben mittlererweile zu einer Spezialisierung geführt, die den Spezialisten immer mehr über immer weniger wissen lässt. Daher sei an dieser Stelle auf einige wenige grundlegende Werke verwiesen, die sowohl einen ersten Einstieg als auch ein weiteres Erschließen des Themenbereiches ermöglichen.

Quellen

F. F. Bruce (1992): Außerbiblische Zeugnisse über Jesus und das frühe Christentum, Gießen 1992.

H. Dörries (1954): Das Selbstzeugnis Kaiser Konstantins, Abhandlungen der Akademie der Wissenschaften, Göttingen 1954.

P. Guyot/R. Klein (1993/1994): Das frühe Christentum bis zum Ende der Verfolgungen. Eine Dokumentation, Bd. 1: Die Christen im heidnischen Staat, Bd. 2: Die Christen in der heidnischen Gesellschaft, Darmstadt 1993/1994.

H. Kraft (1955): Kaiser Konstantins religiöse Entwicklung, Beiträge zur historischen Theologie 20, Tübingen 1955.

A. Lindemann/H. Paulsen (Hg.)(1992): Die Apostolischen Väter, griechisch-deutsche Parallelausgabe auf der Grundlage der Ausgabe von F-X. Funk/K. Bihlmeyer/M. Whitaker, Tübingen 1992.

H. Rahner (1961): Kirche und Staat im frühen Christentum. Dokumente aus acht Jahrhunderten und ihre Deutung, München 1961.

M. Schanz (1959): Die Geschichte der römischen Literatur, Bd. 3 und 4, 3. neu bearb. Aufl., München 1959.

Lexika, Handbücher

Aufstieg und Niedergang der Römischen Welt (1995): Geschichte und Kultur Roms im Spiegel der neuen Forschung, Teil II: Principat, Bd. 26 Religion, hg. v. W. Haase, Bonn, New York 1995.

Das Bibellexikon (1968), hg. v. H. Haag, 2. Aufl., Tübingen 1968.

Lexikon Alte Kulturen (1990ff.), hg. v. H. Brunner u.a., Mannheim u.a. 1990ff.

Lexikon für Theologie und Kirche (1957ff.), hg. v. W. Kasper u.a., 3. völlig neu bearb. Aufl., Freiburg 1993ff.

Der Kleine Pauly (1964): Lexikon der Antike, hg. von K. Ziegler und W. Sontheimer, Stuttgart 1964.

Der Neue Pauly (1998/99): Enzyklopädie der Antike, hg. v. H. Cancik und H. Schneider, bisher erschienene Bd. 1 - 6, Stuttgart, Weimar 1998/99.

Der Große Ploetz (1992), hg. vom Verlag Ploetz, 31. Aufl., Freiburg, Würzburg 1992.

Paulys Realencyclopädie der classischen Altertumswissenschaft (1988), hg. v. G. Wissowa, München u.a. 1893ff, unveränd. Nachdruck 1988.

Reallexikon für Antike und Christentum (1950ff.): Sachwörterbuch zur Auseinandersetzung des Christentums mit der antiken Welt, hg. v. T. Klauser u.a., Stuttgart 1950ff.

Theologische Realenzyklopädie (1977ff.), hg. v. G. Krause und G. Müller, Berlin, New York 1977ff.

Überblicksdarstellungen, Gesamtdarstellungen

C. Andresen/A. M. Ritter (1993): Geschichte des Christentums, in: Theologische Wissenschaft, Bd. I/1, Stuttgart, Berlin, Köln 1993.

M. Clauss (1996): Konstantin der Große und seine Zeit, München 1996.

W. Dahlheim (1992): Die griechisch-römische Antike, Rom, Bd. 2, Paderborn 1992.

W. Dahlheim (1989): Geschichte der römischen Kaiserzeit, Oldenbourg Grundriß der Geschichte, Bd. 3, München 1989.

A. Demandt (1989): Die Spätantike. Römische Geschichte von Diocletian bis Justinian 284-565 n. Chr., München 1989.

K. M. Fischer (1991): Das Urchristentum, in: Kirchengeschichte in Einzeldarstellungen, hg. v. G. Haendler/K. Meier/J. Rogge, Bd. I/1, 2. Aufl., Berlin 1991.

R. Heiligenthal (1997): Der verfälschte Jesus. Eine Kritik moderner Jesusbilder, Darmstadt 1997.

M. Jacobs (1987): Das Christentum in der antiken Welt, Zugänge zur Kirchengeschichte 2, Göttingen 1987.

H. Küng (1995): Das Christentum. Wesen und Geschichte, 3. Aufl., München 1995.

B. Moeller (1992): Geschichte des Christentums in Grundzügen, 5. Aufl., Göttingen 1992.

C. und L. Piétri (1996): Das Entstehen der einen Christenheit (250-430), deutsche Ausgabe hg. v. N. Brox u.a., in: J-M. Mayew u.a. (Hg.): Die Geschichte des Christentums. Religion. Politik, Kultur, Bd. 2, Freiburg, Basel, Wien 1996.

C. Schneider (1963): Das Christentum, in: Propyläen Weltgeschichte, hg. v. G. Mann/A. Heuß, Bd. 4: Rom und die römische Welt, Berlin, Frankfurt a. M.1963, 429-485.

W. Sommer/D. Klahr (1997): Kirchengeschichtliches Repetitorium, Stuttgart 1997.

Literatur zu Schwerpunkten

J. Becker (1996): Jesus von Nazareth, Berlin, New York 1996.

J. Becker (1998): Paulus, der Apostel der Völker, 3. Aufl., Tübingen 1998.

K. S. Frank (1996): Lehrbuch der Geschichte der Alten Kirche, Paderborn u.a. 1996.

J. Gnilka (1997): Jesus von Nazareth. Botschaft und Geschichte, Freiburg 1997.

W. Grundmann/J. Leipoldt (1987): Umwelt des Christentums, 3 Bde., Berlin 1987.

J. Moreau (1971): Die Christenverfolgung im Römischen Reich, Bonn, New York 1971.

P. Schäfer (1983): Geschichte der Juden in der Antike. Die Juden Palästinas von Alexander dem Großen bis zur arabischen Eroberung, Stuttgart 1983.

G. Theissen/A. Merz (1997): Der historische Jesus, 2. Aufl., Göttingen 1997.

F. Vouga (1994): Geschichte des frühen Christentums, Tübingen, Braunschweig 1994.

A. Wlosok (1970): Rom und die Christen. Auseinandersetzung zwischen Christentum und dem römischen Staat, Stuttgart 1970.